峨眉岩鹰刀剑录

肖家泽　柯　欣◎著

四川科学技术出版社

图书在版编目（CIP）数据

峨眉岩鹰刀剑录 / 肖家泽，柯欣著. -- 成都：
四川科学技术出版社，2023.8
ISBN 978-7-5727-1103-9

Ⅰ. ①峨… Ⅱ. ①肖… ②柯… Ⅲ. ①武术—介绍—
四川 Ⅳ. ① G852

中国国家版本馆 CIP 数据核字 (2023) 第 146556 号

峨眉岩鹰刀剑录

肖家泽　柯欣　著

出 品 人　程佳月
策划组稿　钱丹凝
责任编辑　税萌成
封面设计　墨创文化
责任出版　欧晓春
出版发行　四川科学技术出版社
地　　址　四川省成都市锦江区三色路238号新华之星A座
　　　　　邮政编码：610023　传真：028-86361756
成品尺寸　170mm × 240mm
印　　张　7.25　　字　数　120 千
印　　刷　四川华龙印务有限公司
版　　次　2023年8月第 1 版
印　　次　2023年10月第 1 次印刷
定　　价　39.00元

ISBN 978-7-5727-1103-9

作者肖家泽简介

肖家泽，中国四川省成都市人，生于1951年。自幼受中医名家外祖父黄（讳）建堂的教育和影响而热爱并学习中医。20岁时被招到电子科技大学校医院做中医门诊医生，1975年到成都中医学院（现成都中医药大学）师资班学习，2011年从电子科技大学校医院退休。

肖家泽9岁开始随武术名家、中医名宿吴振环老师学习中国峨眉功夫并学习中医骨伤科的医治技术；14岁时拜著名武术家胡子文学习北拳直隶武术，又拜王树田为师学习中国武术形意、八卦、太极的内家功夫；45岁时拜武当龙门紫霄派第十六代传人、中国武术九段吕紫剑为师学习武当功夫和道家养生功法。

曾获四川省武术散打无差别比赛冠军，多次获得国际武术比赛和全国武术比赛金牌，长期在国内外传授中国功夫，讲解康养理念和养生功法。

曾任四川省第七届武术协会主席，中国武术协会委员，中国武术协会传统武术工作委员会委员，现为四川省武术协会名誉主席，四川省对外文化交流中心专家委员会专家。中国武术八段。

国内外多个重大高原探险、激流探险活动参与者；多次举办个人画展，多次出版个人画集，现为四川中国画院特聘画师、广东巴蜀书画院荣誉院长、上海虹桥画院副院长，被特聘为美国河洛医科大学古典功夫康养学院的院长、美国全息生命科学研究院教授、美国武医研究院荣誉院长。因为在国医、国画、国术这三个方面均有涉足，所以被大家称为“三国先生”。

作者柯欣简介

柯欣，重庆人，1975年出生，西南财经大学硕士研究生。自幼喜欢武术，1999年开始学习盘破门武术，为盘破门第八代传人。先后拜在盘破门名师王平、贺宗德门下系统学习盘破门套路、技击，道家昆仑内丹派南宫、金山派内丹功法等。后又拜朱兴荣为师学习猴拳、猴棍、峨眉道人拳等拳法。2012年拜肖家泽为师，系统学习形意、八卦、太极等内家拳法及峨眉武术，此外还学习了搏击、双手刀、剑及短兵器格斗等。2016年拜钱兴勇为师，成为弦虎门入室弟子，系统学习弦虎门生部、武部功法、技法。

曾任特斯拉汽车（中国）公司华南区总监、SAP Public & Enterprise 西区负责人、Apple（苹果）公司渠道 & 教育部华西区负责人等，积累了多年的世界500强企业管理工作经验。

现为上饶师范学院体育学院特聘副教授、西南财经大学工商管理学院第二届MBA研究生校外导师、成都达济中医医疗技术研究院联合创始人、四川省武术协会副秘书长、四川省武术协会兵道部部长、中国武术协会会员、中国武术六段。

首批中国兵道国家C级裁判员、武术国家一级裁判、四川省武术段位一级考评员。首批国家自由搏击教练员、首批中国兵道教练员。

2020年9月，其专题论文《健康中国战略下，如何构建武医融合体系助力全民健康》被《中华武术学术版》收录并于第9期发表。

在参加四川省、全国及国际武术邀请赛和武术锦标赛中，多次获得刀术、剑术及拳术等方面的金奖、银奖。在2023年8月举行的第九届世界传统武术锦标赛荣获岩鹰拳比赛金牌。

长期担任四川省八卦掌、形意拳、短兵格斗的培训班辅导员、教练员。2016年在四川省首届短兵器格斗教练员、裁判员培训班担任教学助理教练。

在四川省中国古典武艺交流大赛暨传统武术名人明星争霸赛中担任短兵格斗及太极推手裁判员并执裁冠亚军决赛，多次担任竞赛项目组裁判长。

前言

本书介绍的“峨眉岩鹰拳”是峨眉武术中的象形拳种，介绍的剑术为峨眉武术中有代表性的一套名为“峨眉战剑”的剑法。顾名思义，这是突出了实战技法的剑法套路，介绍的刀术为“峨眉七步单刀”，是步法和刀法相结合的、突出实战技术的演练套路。这三个项目合为峨眉岩鹰系列的拳种，2020年已被批准为非物质文化遗产项目。

许多四川本土传统武术习练者，除了掌握或演练一些近身短打的峨眉武术套路以外，也注重峨眉武术的象形拳种的演练。现在流传于四川的峨眉武术的象形拳系列主要有蛇形拳、猴拳、猴棍等，但是实战性强、步法运用突出的“峨眉岩鹰拳”“峨眉七步单刀”“峨眉战剑”在四川的传承轨迹还比较单一，因为了解和演练的人较少。该书对这几个项目的介绍，是对峨眉武术的重要补充，对峨眉武术抢救性的保护及传播、教学是非常有意义的。

自古武术的传承就是父教子、师授徒，因此难免会伴随着许多与此相关的人物和故事。肖家泽的经历与习武的机遇可以说是反映了一个时代当中特有的事例，而这些事例又恰好是武术传承与发展中不可缺少的要素。作者肖家泽在回忆恩师的篇章里用了比较多的文字叙述与先师结缘与学武的经历，由此可一窥早年武术前辈们的风范，可以让很多当前的习武之人感受到早年武术人的习武环境与氛围。

在这本书中，作者对峨眉武术在巴蜀大地上的产生和发展进行了梳理，对传承关系与技法特点、峨眉武术养生健身功能及峨眉武术的重要地位进行了阐述，希望读者通过阅读该书能够对峨眉武术有进一步的了解。

作者希望通过阐述自己的观念，让一些对传统武术缺乏了解的读者能够客观地看待传统武术，当然也应去掉其神秘的外衣，回到真实的中国传统武术的本质上来。作者希望读者能够在了解中国传统武术的基础上增进对峨眉武术的了解，知道峨眉武术与其他门类的武术在内容上有哪些不同、起源于何处、有哪些风格特点等。

如何追本溯源了解不同武术门类的风格特点？这就需要将各门类武术作一个全面的比较。比如我们所接触到的很多练习武术的人，对自己所练的门类并不十分了解，甚至有的本来是北方传过来的拳种，或者是沿海一带传过来的拳种，因为在四川流传的时间比较长了，很多人会认为这就是四川的峨眉武术，这种现象非常普遍。针对这种现象，作者在本书中提出了自己的见解，以供大家参考。

在本书后记中，作者对当前的一些武术现状提出了个人的见解，所以本书既是一本峨眉武术拳术与器械的训练教材，同时也涵盖了作者的武学观念与论点，可供大家作为学术课题研讨。

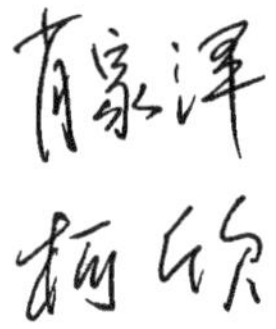

目录

第一章 峨眉武术的起源与发展

第一节 峨眉武术的基本概貌

峨眉武术的产生与巴蜀地区人群的生存需求密切相关，古时巴蜀地域的先民们由于大多生活在丛林密布的大山中，生活在山川河流纵横的地域里，在这些环境艰苦、野兽出没的地区，他们产生了以武求生存的紧迫感，部落之间的争斗过程以及在巴蜀大地上不断发生的军事战争也催生了人们的战斗意识。巴蜀先民在抗暴图存的军事战争中形成的“巴渝武舞”这一类的表现形式就是峨眉武术套路的演练的雏形，这也是在实战当中总结出来的基本训练方法，把这些逐渐得到的经验综合起来进行练习，就形成了峨眉武术套路的原始结构。

峨眉武术经过了漫长的演变历程，在不同时期得到了不断的丰富与发展。到了明清时期峨眉武术的特点逐渐突出，在《荆川先生文集》当中记录的“峨嵋*道人拳歌”中的“道人更自出新奇，乃是深山白猿授”表明了峨眉武术实战当中的有些技法是模仿动物的形态得来的，所以有了白猿通臂拳这类的拳种。一句“险中呈巧众尽惊，拙里藏机人莫究”道出了峨眉武术在实战过程当中以巧制敌的原则，描述了峨眉武术在看似无奇的动作里暗藏有很多玄机。这首拳歌里还有“余奇未竟已收场，鼻息无声神气守，道人变化固不测，跳上蒲团如木偶”。这几句话非常生动地表达出了峨眉武术习练过程中身形的变化莫测，阐述了峨眉武术速度快捷、以步为先的特点；强调了峨眉武术内外兼修、技击和演练结合的重要性；形象地描述了峨眉武术在实战当中的变化无穷与高深莫测的技击特点。

* 原文中称“峨嵋”，现为峨眉。

在四川这个地方，现有的武术门类很多，虽然在不同的时期从全国各地来到四川的武术人不断地补充和丰富了四川武术的内容，但是峨眉武术在保持原有特点的状态下与外来的不同流派的拳种在表演形式和风格上是有明显区别的。在实战技法上，峨眉武术更强调的是以步法为先、以贴身近战为主的攻防技法，这就构成了巴蜀地区峨眉武术独有的特点和风格。

在四川土生土长的峨眉武术拳种有峨眉十二庄、黄林门、盘破门、化门、杜门、生门、子午门、任家拳、余家拳，有发源于峨眉山的猴拳和白猿通臂拳；还有唐代四川西南地区（考证应为现在的宜宾巩县一带）“客浦寺”的护山拳之一的蛇拳；邛崃山脉包括鹤鸣山一带的岩鹰拳也在四川流传了 200 余年。这些拳种中还包括了兵器的演练内容，比如峨眉刀、峨眉剑、猴棍、峨眉枪、峨眉刺等。

第二节　峨眉岩鹰拳与峨眉七步单刀、峨眉战剑的前世今生

一、峨眉岩鹰拳与峨眉七步单刀、峨眉战剑的传承关系

1912 年四川成立了四川省武士会，先后由骆成骧、马震江、刘崇俊担任会长，时值著名川籍武术名家徐矮师返川，他常在四川武士会做客，他的岩鹰拳及其武学精髓也在四川武士会得到传播。四川武士会在延续多年后更名为射德会，很多武术人士以及武士会（射德会）学员都能在武士会（射德会）的交流学习当中增进武学修养。在这一时期作者肖家泽的先师吴振环等学员学习了徐矮师传授的峨眉武术岩鹰拳，并且向刘崇俊先辈学习了峨眉战剑、峨眉七步单刀。

刘崇俊为四川广汉人，自幼拜多位名师习武，尤其擅长峨眉武术拳法和剑术。他于 1896 年拜北拳直隶马黑子（其名不详）习大小红拳，后来又专门到陕西省习练“三元门”功夫。有一段流传于武术界的佳话，1913 年刘崇俊看中了在成都的一位武术人物陈大章，认为他是一个练武的好苗子，故欲收他为徒。陈大章说：“刘师傅是练峨眉武术的，不懂我们‘三元门’的武功，我咋会拜他为师？”这个说法对刘崇俊产生了思想上的触动，他竟然专

门到陕西去拜师学习“三元门”的武功。由于他是带艺投师所以技艺精进很快，学习了两年后返川，他的“三元门”功夫和“三元门”武学理论让陈大章感到非常震惊，因此心悦诚服地拜他为师。这一段故事说明刘崇俊主要是练习峨眉武术的，而“三元门”的武功是在他已经掌握诸般技艺之后又学习的一门功夫，同时这段佳话也让大家更充分地感受到，刘崇俊先辈这种博采众长、不断学习的精神。

刘崇俊先辈除了在四川武士会传授学员刀剑和拳法功夫之外，在南京中央国术馆任教期间还以四川地区的拳种相授。他把峨眉战剑、七步单刀等项目通过传人传承至今。据作者的先师吴振环叙述，他在四川武士会受教于刘崇俊期间，学习的也多为峨眉武术。

徐矮师原藉四川，学武于峨眉山，其武功成就于巴蜀地域。他的武学精髓也以峨眉武术为主。从有关记载中了解到，徐矮师武功的表现形式，多为贴身近战，因其身形矮小，动作异常迅捷，步法灵活多变，可见他所展示出的武功具有明显的峨眉武术的特点和巴蜀地域武功的特色。

这里引一段杜心武谈徐矮师的文字记载：“我本人算不了什么，我师傅徐矮爷到真够奇特动人的，他本是深山弃婴，赖川猴养大，得以不死，偶有机缘为师祖所救，从此跟他老学拳学经，终于成了一方名家。”根据这一段叙述可以确认，徐矮师的武功最初就是来自巴蜀地域的峨眉山，救了他并且教他拳术的师父也是峨眉山中的僧人或道人。

但值得探讨的一点是，徐矮师的徒弟杜心武练的武功被称为自然门，笔者认为这与徐矮师传授的武术主体为巴蜀特色的峨眉武术并不矛盾。杜心武是四川人氏，徐矮师之徒，所以很多人会认为徐矮师就是自然门的创始人。就徐矮师学艺之处是在峨眉山和巴蜀地域而言，徐矮师并没有宣扬自己是自然门，在其游历全国各地又返回四川，在武士会授艺过程中也没有称自己传授的是自然门武功。一次徐矮师被杜心武问到他练的是什么武功时，徐矮师说“取法自然”，由此可以推断出。杜心武提出自己的武功是自然门，是因为其师徐矮师提出的峨眉武功“取法自然”。

徐矮师传授杜心武武功的时候，杜心武已经有很扎实的武术功底了。很有可能杜心武在接受了徐矮师的武术技法，和徐矮师提出其功夫“取法自然”的观念之后，而自立了自然门。虽然徐矮师并未称自己是自然门，但杜心武和后人把徐矮师尊为自然门创始人也是可以理解的。

从现有资料记载看，顺着岩鹰拳流传的轨迹和追溯传承的路线，可以判断出峨眉武术岩鹰拳和峨眉战剑、七步单刀除了在四川流传之外，还从四川另一条路线流传出去——徐矮师之徒杜心武传峨眉岩鹰拳到万赖声，万赖声传蒋兆鸿，蒋兆鸿传峨眉岩鹰拳至现在的湖南刘烈洪等。湖南在岩鹰拳的名称里面没有冠以峨眉武术的前缀，应该是该拳传往外省之后，经过长时间的演变，已经有了自己的风格特点的缘故。但是在四川省流传的岩鹰拳历经百余年的传承，仍然保留了巴蜀地域峨眉武术的特色，这是一件值得庆幸的事。

徐矮师先辈传授的峨眉武术岩鹰拳已经具有完整的理论体系，有低桩练步和练指爪劲力的系统方法，刘崇俊先辈传授的峨眉战剑、峨眉七步单刀等器械的演练方式所表现的实战的技术方法与步法的运用，充分体现了峨眉武术的风格和特点，已经形成了峨眉武术套路当中的一个完整体系。

峨眉武术代表人物，作者肖家泽的恩师吴振环生于 1890 年，原藉四川遂宁人，遂宁道观较多，佛寺兴盛，武风也很盛，所以恩师吴振环受此影响自幼喜爱道学、武学。1912 年四川成立了武士会，后来更名的射德会，在此期间吴振环带艺进入武士会，峨眉战剑、峨眉七步单刀受到了刘崇俊先辈的亲传。

吴振环在此期间慕名四川声望很高的武师徐矮师，向其学习了具有巴蜀特色的峨眉岩鹰拳。

在本书介绍的内容里面有吴振环先师传授的峨眉武术象形拳类的峨眉岩鹰拳，单器械中的峨眉战剑、峨眉七步单刀。这 3 个演练套路具有非常鲜明的峨眉武术特色，也是峨眉武术中具有代表性的 3 个项目，这些内容的传承弥补了峨眉武术象形拳中所缺乏的鹰形的峨眉武术套路演练的内容，丰富了峨眉武术中以步法为主，实战性强的短兵器练习的内容。

四川本土现在流传的峨眉武术的象形拳主要有蛇形拳、猴拳、猴棍类，由于岩鹰拳在四川的传承轨迹比较单一，人们没有很多机会学习它和传承它，所以对其进行抢救性的传播是非常有意义的。

以上峨眉武术的经典系列已经通过作者和弟子们多年的努力，在四川地区得到了传播，肖家泽于 1983 年自行创办了成都东城武术学校，1992 年该校更名为成都市峨眉武术学校，先后累计培养学生数万人，其学员和弟子们在各级武术比赛中不断取得优异的成绩，为峨眉武术的发展做出了一定的贡献，现在把峨眉武术的岩鹰拳、峨眉七步单刀、峨眉战剑编著成书，用图文记录下来，让所有热爱传统武术，对峨眉武术感兴趣的武术界的朋友们能够更全面地了解峨眉武术，让峨眉武术得到更好的传播和发扬广大 。

二、肖家泽讲述恩师吴振环传其峨眉武术

（一）在金河街幸遇恩师吴振环

我的武术生涯、骨伤科的治病技术和中医师职业生涯都与一位长者结下的缘份有密切的关系。

1958 年，我在成都市的通惠门街小学读书，每天要从蜀华街甲 56 号步行去上学，走完蜀华街的大半条后经过方池街路口，再往前走会出现一条横在眼前名叫金河的河流，沿河两岸就叫着金河街。我上学的学校是不用过河的，而是抵近河岸沿河右转行 200 米到达名为金河街小学的学校了。这条河贯通成都西门的三洞桥，经过小南街连接成都人民公园，河宽 15~20 米，河水比较清澈，经常有人在那里钓鱼，如果遇见下雨涨水还会有很多人用渔网在那里网鱼，所以我路过这条河的时候，会经常在河边看别人钓鱼、网鱼。由于我每天得回家吃午饭，下午再到学校上课，所以我每天是要在这条路线上来回走四个单边的路程。

自从我走在金河街的上学路上后，就经常会见到一位有七十多岁留着山羊胡须的老人，他几乎每天都会出现在这条路上，他的眼睛处于半盲状态，依靠手里握着的竹杆探路，在凹凸不平的路面上大一步小一步、高一脚低一脚的探索着往前走，很多老成都都知道在那个年代成都市区除了主要的街道以外，很多道路是很不平整的，这位古稀老人，精神气质很不平凡，走路时腰挺得很直，高昂着头，两眼始终平视着前方，他身躯显得尤为高大，面相威严，绝不像是一位半盲的老人。在我上学的路上左面是金河的河床，右边有一些大大小小的院落，这位老人家每天来到一个黑漆大门外的空地边上，坐在自己带的马架子 (一种可折叠的独凳子) 上，地面铺着一张土黄色的布，上面放着裹成卷的各种汉字，然后开始在这里给人测八字算命。这种行业在当时是比较普遍的，一般都是盲人从事的生计，但不同的是这位长者不仅给人测字算命，还帮人按摩治病，来的人各种年龄的都有，还有大人带小孩来治伤的，所以他的摊子上常常都是有人光顾的。

那时候不管见到什么热闹都觉得稀奇，路过的时候看见他给人算命，自己

也要站在旁边听一会儿，遇到有小孩受伤来看病，又哭又叫的，我也要站着看一会儿究竟，经常不是误了上学，就是很晚才回家。

有时候我也看见有人来干涉这位大爷，不要他摆摊算八字，那年月还没有城管一类的职务，管这些事的大概是当地的居委会，或是管治安的人吧。遇上有人来干涉他的时候，双方总会有问有答的，我渐渐听懂了，老人叫吴振环，以前是军队的军医，老了生活没有来源，在路边给人算八字，看病疗伤也是为了生计，估计这些管理人员也逐渐了解这位老人的情况吧，一般来说管理人员都只是交待一下规定，老人家也不怎么声辩，搞管理的这些人员经常也是劝阻一下就走了。有时候他们也会要求他必须把摊子收起离开，但这种情况不是经常出现的。

随着时间的推移，我对老人家逐渐有了些了解，由于我经常在他的摊子面前围观，我们之间也熟悉起来了，有时候放学经过他摆摊地方时，见他在收摊子，我会去帮着搭一把手，如果遇上下雨天，地下有了水洼，我就会去牵他走一段路，久而久之双方有了搭话，初时搭话不多，交流更说不上，后来无论上学路上或者是放学的路上，不管是天晴还是下雨，我都会牵着他的棍子送他一段路，老人家有时会夸奖我一下，说我懂事、有善心，说一些我以后一定会有好报一类的好听的话，我听着这些话心里是挺舒服的，成都人说“戴高帽子”的话都爱听，大概也是这个意思，不过当时他老人家说这些话确实是对我的一种肯定和鼓励。

因为我与老人家的年龄差异很大，从一开始我就称吴振环为吴爷爷，由于逐渐熟悉，我经常会在他下午收摊的时候送他回家。吴爷爷住在同仁路上，我自己回家应该提前左转，如果不转左弯直行就是送老人家回家的路了，这样就要先要直行大约 300 米的河边路，经过成都军区后勤部(那时候我们都称这里是西较场)然后右转弯越过金河的横桥路面，再从河对面进入同仁路，然后再走大约 700 米才能到吴爷爷的大院门口。

我因为帮助他，有时把他送的远一些，就经常会回家晚一点，家里知道了原因之后很支持我做这些事，因为有了我父母的支持，我会经常因为帮助吴爷爷而回家晚一些，包括我后来经常往吴爷爷家里跑，难免会耽误更多的学习时间，父母从来也没有因此责怪过我。

（二）感恩先师带我入武医之门

我读小学三年级的时候，那时我和吴爷爷已经很熟悉了，有一天他突然问我喜不喜欢“操打”，因为四川人把练武术称为操打。我从小就很向往武功，听他问出这句话来，我当然很激动了，大约从小学三年级第二个学期开始，我便在吴爷爷的小屋子里练习武术，他说我需要先练习一些单练的手法，再练习桩功架子，所以有好几个月的时间，我是在他的小屋里练基本功，拉韧带，练习各种桩法，然后再练一些简单的身法和手法的动作，练的这些都是扎实的基本功，一个月就练那一两招手法，或者一个桩法练很长一段时间。时光就这样慢慢地流逝，我一边经常牵着他回家一边跟着他练武，每逢寒暑假，我就在他算八字的摊子边上候着他，等着牵他回家然后练武，几个学期下来，我学了岳门和鹰爪功的单式动作。初中的时候已经学会了岩鹰拳和绿林小手的套路了，还学了些抢手（对打）的简单过手、拆招的动作，而七步单刀、峨眉战剑这个项目是在我十六岁之后才逐渐学到手的。

我除了跟随吴爷爷学习武术而受益之外，还有第二个意外收获，这也是后来改变我人生轨迹的重要内容。在我开始习武的那段时间，我在练武的过程中吴爷爷经常会说一句话“学武不学药，等于没有学”。所以他常常在教武过程中还教我疗伤的骨科医术，他一边教我学医一边说：“你打到别人不好，别人打到你也不得了，艺多不压身，学会了医病好处多。”他还给我配制药酒的处方和练习排打功的药方，教我伤筋动骨后的治疗办法，他经常不厌其烦地给我示范哪个关节脱了该用什么手法去回位，哪里骨折了该咋样牵拉复位，应该如何上夹板，如何掌握用药顺序等，那时我还是十几岁的小孩，对这些都还不是很上心，但是吴爷爷没有把我当小孩看，他是真心实意地想把自己的本事都传授给我。

文化大革命期间，大家都停课没有在课堂上读书了，各个学校之间的学生互相都有交往，我和成都的一些练武的人渐渐地有了交流，大家在进行对练切磋过程中难免互相有损伤，我懂得的这点医术也就派上了用场，我对于学医、学武也就越来越起劲了。很快到了1969年我快下乡去当“知青”的时候了，吴爷爷有一次对我说：“把这个医病的手艺抓紧学好，说不定哪天会派上大用场，凭它混口饭吃也是没得问题的。”

那时我很年轻，除了对于学武功是非常渴望之外，并未预料到学习了医术之后会对我产生很重要的影响。

（三）暂别恩师离开都市到农村

吴爷爷教我功夫和医术的那段时间，是我从读小学四年级开始一直到我初中毕业之后的又一年，这个阶段前后共计有六七个年头，我经历了从幼年、少年到青年的时光，那段时间我总是走在牵着吴爷爷的路上或是坐在吴爷爷的小屋里学习武功、学习医术。

由于我们这一代年轻人赶上了“知识青年”下农村这个大潮，于是我终究是要和吴爷爷告别的。

1969 年 10 月我刚满 18 岁，当月我响应号召，背着一个随身的书包，带了些简单的换洗衣物，在父母一百个不放心的情况下，作为当时的一个特殊群体“知识青年”到大邑县的董场人民公社务农去了，那时候我们这批“下乡知青”都是带着在农村安家落户一辈子的思想去的，记得我们这批学生到了大邑县之后就分别被送往不同的地方去了，我是被安排到了董场人民公社的双墩大队的三队，此后的一段时间我就开始了和社员们一起参加各种生产劳动，靠干农活挣工分养活自己的日子了。

记得刚到农村的两天后，一切都还没有安顿好，就开始下地干农活了，当时还是一个十八岁毛头小伙子的我，被下放到农村，每天在田地里艰苦劳动，还要自己烧火做饭，一切都要从头开始学习，需要重新适应新的环境，所以下乡之后的很长一段时间都没有机会回一趟成都，和吴爷爷的联系也就中断了很久，所以有较长一段时间双方都是音讯全无。

（四）武医结合赢得一点小名气

来到农村一段时间之后我渐渐适应了农村里的这种生活，也恢复了每天练武的习惯，十里八乡的人渐渐也知道这个双墩大队三小队有个练武的“下乡知青”了。不久之后我在当地有了一点“名气”，其中的原因是我的几次打抱不平。还有一个原因是我的生产队的社员夸大其词地说我把屋前的那棵大麻柳树都打死了。其实这是误传，因为我每天早晚在住房边上的这棵树上练小臂拍打的劲力，树身变得有点光滑发亮而已。但是传话就会传变。

在这个期间，我的医术也出名了，而且渐渐地盖过了我武术方面创下的影响力了，原因是我在吴爷爷那里学的骨伤科医术发挥很大的作用，起初是朋友之间或当地社员如果骨头关节或者是肌肉受了伤，我会帮忙捏一捏治疗一下，后来又会给来的人发点自制的单方、验方配好的药，我以前在中医外爷和中医表舅那里学过的中医药治疗技术也有了很大的用处，经常给人开个处方配合伤科手法治疗伤痛病人，效果很明显。逐渐地大家都知道我是会治病的医生了。

我给房东治病产生的影响比较大，因为我刚下乡当知青时，生产队还没有给我们这些分配来的“知青”修住房，就暂时把我安排住进了一位叫吴学其的社员家里，那年吴学其有40多岁，未婚，小时候因为摔伤了腰和腿，造成腰部陈旧性损伤和坐骨神经损伤，走路瘸得很厉害，他还患有支气管炎、肺气肿疾病，每天咳喘不停，我给他治疗了一个月时间后他的咳喘就大有好转了，而且通过我的治疗他的腰也伸得直了很多，走起路来明显不怎么瘸了。这房东自然就成了我的宣传员，逢人就夸赞我的医术好，从此以后，生产队的社员有伤有病也就常常找我瞧一瞧，在给当地人治病的同时，我在武术方面的名声也在不断扩大，我落户的当地公社范围里渐渐地有人开始向我学习武术，其中包括兽医站的医生陈体民、学校教师张志清、开个体裁缝店的韩长生、开个体理发店的祝水泉，地道的农民当中有曾经是川剧从业者的郭中强、有在十里八乡里称得上是象棋高手还能把武侠故事随手拈来的董德成，还有忠厚实在的郭仲辉等，这些都是住在公社所在地董场街上的人，他们每天晚上要走三四里的田间小路到我的生产队里来跟我练武，这批人还带动了一些跟我练武的追随者，因此武术和治病的名声逐渐扩大了，大家对我的称呼也慢慢地改变了，也不知从哪一天开始，就由原来的肖家泽变成肖老师了。

有一次崇庆县（今崇州市）三江公社一个十来岁的小男孩来治病，他因为摔伤髋关节，股骨头脱位之后两个多月没有进行及时的复位治疗，他被抬来的时候，我一看就感觉他一只腿长一只腿短，显然是关节脱臼没有复位，只靠按摩解决不了问题，局部肌腱已经发生粘连，非但站立不稳而且动一下疼一下。在那时简陋的条件下，最好的治疗方法就是每天对病腿做牵引，待局部解除粘连时，机成熟了才能对他进行手法复位，我做了一个简易的牵引工具，每天给他做持续的牵引，为确保每天的牵引治疗时间，也为了减少他每天往返十几公里路的过程，我安排他住在我的家中治疗，这一来造成的影响可大了，生产队的人、乡里乡外的人都说肖老师现在开始收住院的病人了，来看病的人也成了活广告把这事越传越开了。这个小孩在我的知青屋里住了有两个多月的时间，他的腿伤也渐渐地痊愈了，我治病的名声也就越来越响亮了，大家都夸我的手艺好。

随着时间的推移，在我居住的四川省大邑县以及接壤的周边几县都有人来找我治病，跟我学武的人也多起来了，基本上是白天给人看病，晚上在生产队的晒场上带着一批人练武。

我一回成都就找时间去看望吴爷爷，我每次带点农村土特产去看望他，老人家很高兴，他对我行医、练武的情况很关心，还不厌其烦地给我补课，手把手地教我，由于我已成年，又有了实际经验，理解力增强了，所以领会得比以前要快很多，那段时间我的医术和武术又有了明显的提高。

（五）学以至用调到医院任医师

1971 年 10 月，我回家过完国庆的第五天回到生产队，听说有招工的来了，而且是信箱单位的（那时的保密单位对外都是用信箱数字代替的），数字叫八三信箱，全称为成都电讯工程学院（现在的电子科技大学），刚过了两天，听说招工的要到我的生产队来，上午果然来了一行人，是招工人员和带路陪同的地方干部和当地知青，原来这位负责招工的孙师傅听说这里有个知青看病技术很好，是专门来核实的。来的时候一看果然有那么多人找我看病，一下就把孙师傅打动了，当天回到公社就向单位打电话汇报了。成都电讯工程学院校医院的沈冰院长主张要调我这个人，因为那时很缺中医骨伤科的医生。就这样不出三天就接到通知说决定招我了。

相比而言我算是离开知青生活比较早的一批人，这都是因为吴爷爷对我的培养，我才有了这个机遇，所以说吴爷爷是我在武术和医术上发展的恩师和贵人。

（六）永别恩师留下遗憾与谜团

1975 年 6 月成都电讯工程学院在龙泉驿三泉公社支农，我是随队医生，一周后支农结束回校，我才知道吴振环爷爷已经离世很多天了，我望着那间已经空荡荡的小屋，心里更是空空荡荡的，呆立许久都挪不动步子，当时的那种失落无法言喻。那段忘年相交的场景，吴爷爷对我的教导，都只能一直留在自己的心里了。

吴爷爷去世之后，我又先后拜了二位老师为师，但是吴爷爷是把我引进武术道路的第一人，是我从事医务工作的指路人，因为有了吴爷爷无私传授技艺、教了我武术，教了我治疗骨伤病痛的本领，让我能为广大患者解决病痛。因为有了武术的根基，自己武术才能不断的得到提高。

时光荏苒一晃就过去几十年了，我常常回想起这位尊敬的长者、恩师，也常常给很多人谈起这段难忘的往事。由于我年龄的不断增长，开始思考以前没有留心的问题，很多当初没有关注到的在恩师身上表现出的谜团渐渐浮出我的脑海。但是时代变迁、年岁久远、很多心中的疑团也只能成了待解之迷。

1. 身份之谜

因为我在吴爷爷身边学习的时候年龄还很小的原故，我没能详细了解吴爷爷的身世。也因为那个年代一些老人对于自己的历史是讳莫如深的，所以吴爷爷也没有仔细和我讲过他的过去，我只能从只言片语当中揣测；吴爷爷在和我讲到他的眼睛不好的原因时说过，抗日时期长途行军经常是很多天没法休息，一旦赶到战场上就硝烟弥漫的，抢救伤员也是不分昼夜的，眼睛就是这个时候受到影响的。 由此可以说明吴爷爷有段时间是在军队里抗日的过程当中度过的，而且是部队里的军医。

曾经听吴爷爷讲他在训练士兵国术的时候如何严格，他曾经举例说“我们在训练士兵武功的时候，士兵稍有懈怠，自己不用出手，旁边负责监督的人已经拿着木棍就上去打人了”他说平时不吃苦，到了短兵相接的时候就会丢命的，可见吴爷爷不但是医官还曾经担任过军队国术教官。

吴爷爷的眼睛处于半盲的状态，据他说是军队里熬夜行军，加上看书辛苦用眼过度，逐渐形成眼疾和白内障的，可是一旦他教我练武功的时候，那是精气神格外的足，那个劲道和反应力与平时判若两人。平时看他就是一位算命先生、行医的老年人，他回家坐在凳子上或床边上的时候，那腰板挺得直直的，两眼平视，不说话，也不知道他心里想些什么，有一副很威严的样子，我看在眼中常常会心生少许的诧异，后来才明白过来，那是他们那个年代的军人、武者的精神特质。

吴爷爷住的那个大院规模很大，由一个大门进去之后，院子深处和两边还分别连着几个小院子，每个小院子都有各自独立的大门进出，我后来的一位师兄弟吴信良是和吴爷爷住在同一个大院里的，吴爷爷是在进大院子后的第一个房间里住着的。吴信良住在进门之后左侧一个院子里，在我读中学之前，我和吴信良还不认识，虽然经常来这个院子走动，但并不知道院子里的情况。后来我和吴信良成了中学的同学又是一起向胡子文老师学习北方拳种的师兄弟，据吴信良说这个大院住的都是民国时期有身份有地位的人，那么吴爷爷民国时期的真实身份或经历就更让我感到迷惑，我觉得这也成为了吴爷爷身上的一个迷。

2. 武功之谜

关于我所学的岩鹰拳和峨眉武术的刀、剑演练内容，其传承关系吴爷爷讲过，1912 年四川武士会成立的时候他快满 20 岁了，是带艺到武士会去投的师，他经常提到四川的大都督尹昌衡是这个武士会的名誉会长，有很高的威望，为四川武风的兴盛做了很多好事。他还经常称赞四川武士会的马宝、刘崇俊的功夫如何了得，还提到走南闯北的徐矮师多次在四川武士会驻足，又是如何教他们的功夫，他讲到的这些人和事，我感觉好像在听天书，因为我那时年幼，他讲的这些人我也不了解，经过很多年以后我才知道他口中的这些人都是中华武术史上大名鼎鼎的前辈，根据这些断断续续的信息，可以推断出吴爷爷在 20 岁以前已经习武了，他此前是跟谁学的武虽然没法考证了，但是在四川武士会学习的这个过程当中，传授他武功的有马宝、刘崇俊、徐矮师这些顶尖的人物，从这一点来看他的武功的来源是能够理得出渊源来的，这些内容是我经过自己的回忆和查阅一些资料才逐渐弄明白的，比如这里谈到的徐矮师，都知道他是自然门的创始人，著名弟子是南北大侠杜心武，但是自然门并不是一个拳种发源地的界定，从相关资料对徐矮师功夫的表现方式和风格特点的描述来分析，可以发现其中有一些内容是四川地方拳种的特色，特别是身法步法的运用，其迅捷变化的方式与峨眉武术如出一辙。此外徐矮师的真名虽然没法考证，但是徐矮师是四川人，这在很多记录里面是得到认定的，所以说吴爷爷的拳理拳法与渊源出处与峨眉武术必然有紧密的联系。

回想起刚向吴爷爷学武期间，开始练习的内容很多都是基本功，第一个拳术是岩鹰拳，而七步单刀、峨眉战剑这两个项目都是在我快到农村当知青了才开始学到手的。他曾经多次对我说过："等哪天有月亮了，院子里我教你练南洋刀、南洋叉。"因为那时候院子里没有电灯照明，他担心我看不清楚他教我的动作，所以希望是有月亮的时候教我练习，我对学习这两种兵器的练法抱有很大的期望，但是直到我下农村当知青后都一直没有机会学习这两种武术兵器。在吴爷爷去世之后，我时常留心寻访演练这两种兵器的人，希望能看到这两种传统兵器的演练方法是什么样的，但是我这么多年参加过各级武术比赛，在全国各地乃至世界多个地区的武术交流比赛中，以及当武术裁判这么多年里，从没见过练习南洋刀、南洋叉的人，也没听说过谁练了这两样兵器，我认为单从"南洋"这个名称来看，应该是指东南亚一带，包括印度尼西亚、新加坡、马来西亚、菲律宾、缅甸一带，或者是指中国河南的南阳市一带吧？因为我当年只是从口音上来分辨吴爷爷说的这句话，所以分不清楚这两个字到底是南洋还是南阳？如果是中国武术传到南洋一带之后形成的一些刀和叉之类的兵器套路，那么依据是吴爷爷有机会和海外的一些习武人士交流的。另一种可能是吴爷爷学习了峨眉武术以外，又学习了与河南的南阳地区相关的武术器械，这一切也只是我现在的推断而已，已经无法考证了。

（七）成都金河武林故事永相传

成都市金河街的一条名为金河的河岸旁以及那深深的小巷里，一位充满着智慧的长者曾在这里留下一段生活过的痕迹，他带着满脸的慈祥，以坚韧强大的内心坦然地承受着生活的艰辛和遇到的种种困难，他在自己困苦的情况下依然无私奉献，以他自己的学识指引着我在懵懂少年时期不断学习和进取。

故事里的这位主人公离去了，现在成都的金河已经变成了人防工程，从前的河面成了成都市现在的东西干道，早已没有了金河的踪迹；我读过的金河街小学校也已经改校名了，吴爷爷摆摊那个位置的公馆早就拆了，就连当年同仁路上吴爷爷住家的院子也踪迹全无了，留下的只有我心中清晰的记忆和对吴爷爷的怀念，然而更多的是对那段岁月里得遇恩师的一种发自内心的感恩。

记忆中这些 60 年前发生的故事，只是呈现了巴蜀武术文化内容的沧海一粟，但是正因为这些事件与人物促进了峨眉武术的发展和传承。吴爷爷这样的武林前辈们对于峨眉武术的传承与发展有不可磨灭的功劳，谨以此文纪念为峨眉武术做出卓越贡献的武术前辈们。

这一章文字对将要介绍的峨眉武术内容的渊源出处进行了一个介绍，希望学习以下峨眉武术内容的同人们能够弘扬武林前辈的武学精神，把峨眉武术发扬光大。

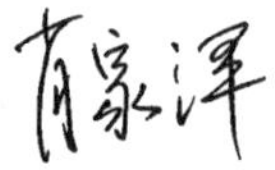

第二章 峨眉武术拳械演练方法

第一节 峨眉岩鹰拳

一、峨眉岩鹰拳源流及其风格特点

峨眉岩鹰拳是峨眉武术当中具有代表性的象形拳之一，发源于四川邛崃山脉和龙门山脉一带的岩鹰拳，与我国北方流行的鹰爪拳其形相似，其意相通，但更适合四川的山川地势。峨眉岩鹰拳以步法快捷、手法多变为特点，因为采用低桩、低步进行练习，所以下盘稳、发力猛，特别有利于增强腰腿功力和指掌的抓握能力。因其技法长于擒拿格斗，所以具有极强的实战性。

峨眉岩鹰拳内容丰富、形象生动，由岩鹰捕食、鹰击长空、抓擒手、探爪、按爪等手法和勾、踢、踩、踹等腿法、步法构成。其刁、拿、锁、扣等擒拿短打、分筋错骨、腿手并进的实战技法，突出了岩鹰在展转、穿插和起伏之中的机警和凶猛特性。岩鹰拳在演练过程中强调以腰的拧转之力带动肩肘，以肩肘之力贯于指爪进行发力，身形变化中的反臂攻击、反腕崩弹、抓擒锁拿、以翅扑击等技法，充分体现了峨眉武术象形拳既巧又刚的特性。

从传承谱系的脉络来寻根，可以发现，四川特色的象形拳包括发源于峨眉山的猴拳和白猿通臂拳，也包括了在唐代就已经出现在四川西南山区（考证应为现在的宜宾巩县一带）客浦寺的护山拳之一的蛇拳。而有据可考的岩鹰拳在四川也已经流传了 200 余年。

峨眉武术岩鹰拳由徐矮师传吴振环，吴振环传肖家泽，肖家泽传其子肖和维、弟子柯欣等人。从 1983 年到现在，该拳已经在四川地区进行了广泛的传播，传承人在各级武术比赛中也取得了优异的成绩。

鹰爪的形状：十指内扣，食指稍有延展，掌心略空（图 2–1）。

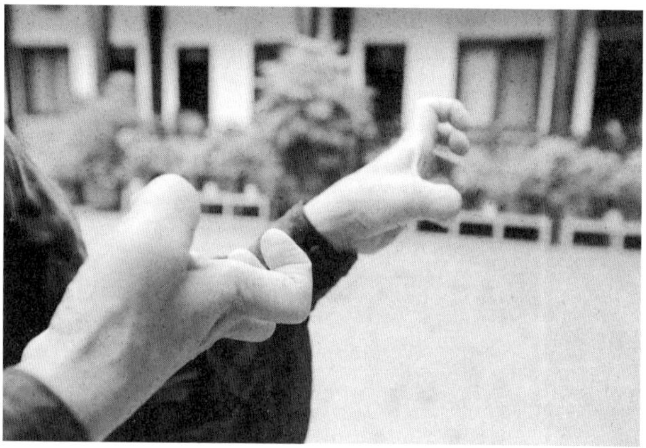

图 2–1　鹰爪手形

岩鹰拳已在省内外广泛传播，图 2–2 是四川省武术协会举办的岩鹰拳培训班的教学场景。（教练：肖家泽，示范：柯欣）

图 2–2　岩鹰拳培训班

图 2–3 为该书第二作者柯欣在四川省武术协会教练员培训班中纠正学员的岩鹰拳动作。

图 2–3　指导学员

二、峨眉岩鹰拳演练方法

1. 预备势

两脚并立，目视前方，双臂自然落于大腿两侧，成立正姿势（图 2–4）。

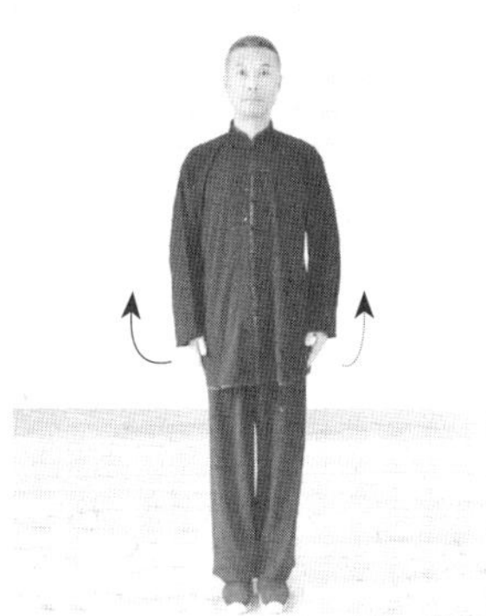

图 2–4　预备势

2. 交叉爪

两手缓缓上提至两肋位置，目视右方（图 2–5a）随后双手快速下插成交叉状至小腹位置，目视下方（图 2–5b）从两侧向胸前上提交叉掌，掌心朝里，向左转头同时两手呈鹰爪，身体向左侧略微倾斜，两掌外翻向两侧成爪形，同时上身左转，目视左前方（图 2–5c）。

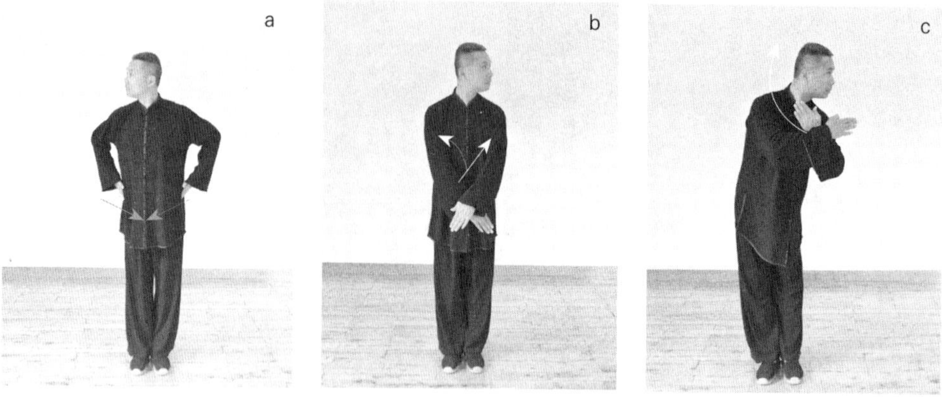

图 2–5　交叉爪

3. 醒翅

右爪向上抡，掌心向上举过头顶，左爪下压，掌心向下落至腹部，目视左侧（图 2–6a）上身姿势不变，提右膝（图 2–6b）上身姿势不变，右脚震脚下蹲（图 2–6c）。

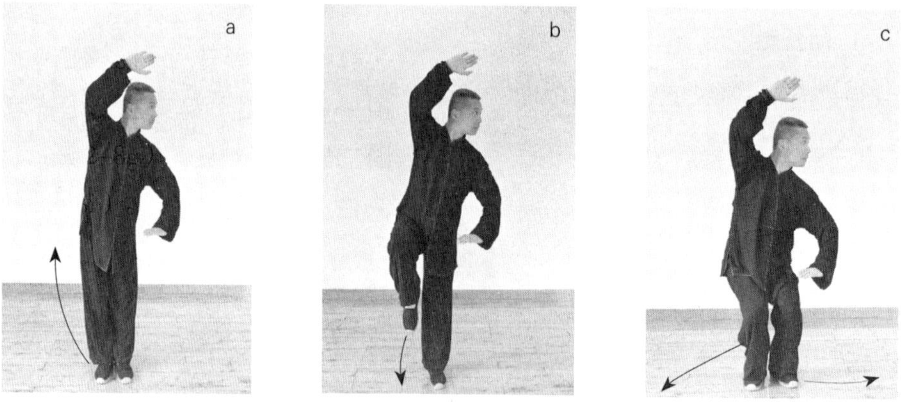

图 2–6　醒　翅

4. 撩阴爪

左足探出，重心右移，成右弓步（图 2–7a），左手向上护右肩，重心向左侧压，右手从下方击出（图 2–7b），右手回带到右肩旁，掌心向上，重心向右移，左手下压至左膝处，掌心向下，两爪对向前后用力分开（图 2–7c），两手同时翻掌下压成双擒按爪（图 2–7d）。

图 2–7　撩阴爪

5. 展翅低旋

两手由爪变掌，重心缓缓右移，目视右侧（图 2–8a），身体缓缓左转，目视左侧（图 2–8b），到左侧极限，左手穿右手，左旋转（图 2–8c ～图 2–8e），左足后插成跪步，双手后提（图 2–8f，图 2–8g），身体缓缓向左侧旋转，眼睛从右侧缓缓向左侧扫视（图 2–8h，图 2–8i）。

图 2–8　展翅低旋

6. 一飞冲天

起立半蹲，双手由两侧张开（图 2–9a），提左膝，双手上举，目视上方（图 2–9b）。

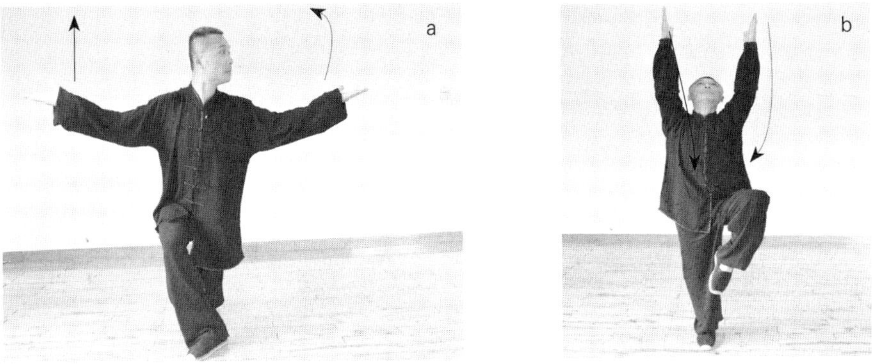

图 2–9　一飞冲天

7. 平沙落雁

两掌下收，收到两肋之间（图 2–10a），仆步下插，两掌指尖向前（图 2–10b），重心极力左移成左弓步（图 2–10c）。

图 2–10　平沙落雁

8. 右探爪

右手出，左掌收，由左弓步变为骑龙步，双手过面，重心右移，步子向左压，同时两掌变爪（图 2–11）。

图 2–11　右探爪

9. 左探爪

送左肩压右肩变成左肩在前，右肩在后，同时收右爪，左爪探出，身体成左侧位（图 2–12）。

图 2–12　左探爪

10. 右铲腿

右掌向前插掌，收左掌，左腿伸腿（图 2–13a），左脚下落，右脚提起（图 2–13b），右手回收，左手拨出，右脚向左侧铲腿（图 2–13c）。

图 2-13　右铲腿

11. 顶肘反臂拳

右腿落地，重心前移成弓步顶肘（图 2-14a）击左掌后反臂拳（图 2-14b）。

图 2-14　顶肘反臂拳

12. 双擒手

重心回移左转身，双手过面时变爪下压，左手在前（图 2-15）。

图 2-15　双擒手

13. 岩鹰捕食

左脚回收，收左爪，目视前方（图 2–16a），借回收速度，翻身提左膝，左手翻爪（图 2–16b），左脚落地，左掌扑出（图 2–16c），右手抡臂扑出立即收右爪出左爪（图 2–16d）。

图 2–16　岩鹰捕食

14. 撩阴扑面

重心前压，跨右足，左爪上提护右腕，右爪下撩（图 2–17a），左爪向外探，右爪回拉，抬右脚（图 2–17b），右脚落地，右爪同时向前扑出，重心前压（图 2–17c）。

图 2–17　撩阴扑面

15. 反腕崩弹

身体下沉，右臂下压并且稍微回屈（图 2–18a），同时向右转身成马步，双爪崩弹击出，力点在腕关节，目视右侧（图 2–18b）。

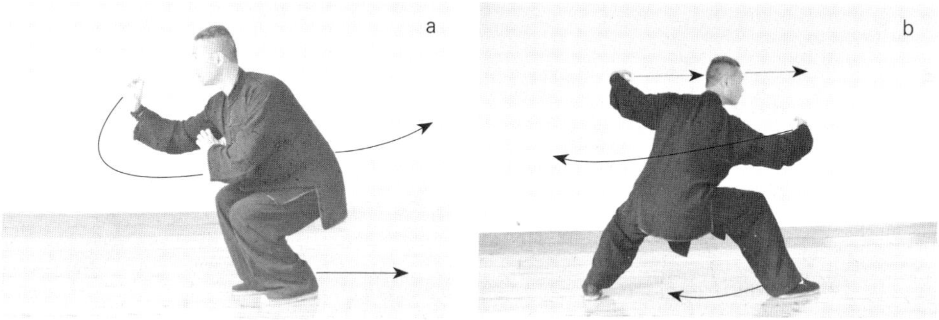

图 2–18　反腕崩弹

16. 行步云手

收右脚，向右侧身，双手变掌向两侧拉开（图 2–19a），提左腿，身体前倾（图 2–19b），跨左脚上前，双手合拢（图 2–19c），两腿交替迈两步，在行进过程中，左手向下，右手向上云手一圈（图 2–19d，图 2–19e）。

图 2–19　行步云手

17. 小擒手

右足下落成左脚跟步靠拢，同时右掌向前抓（图 2-20a），左转身成虚步，右手在后，左手在前，双手过面转身擒手（图 2-20b）。

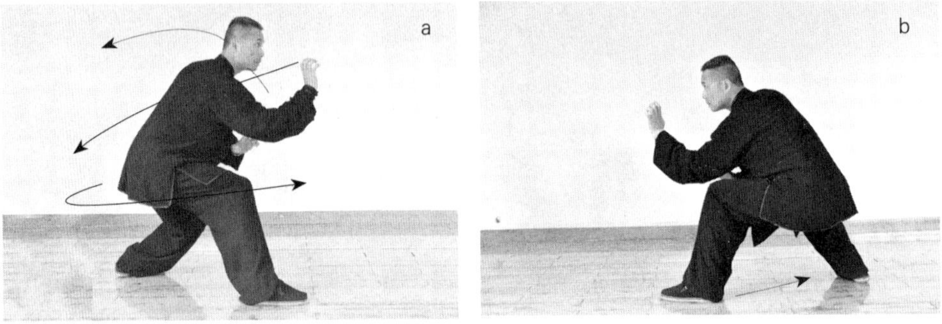

图 2-20　小擒手

18. 左右败步

上身姿势不变，重心后移，左脚收回成丁步（图 2-21a），上身姿势不变，左脚偷步（图 2-21b），右腿再退，成骑龙步，双眼左右环视（图 2-21c），左腿后插步，再退右腿（图 2-21d，图 2-21e）。

图 2-21　左右败步

19. 门坎腿

上动不停，左脚回收成丁步（图 2-22a），左脚提起，落地（图 2-22b，图 2-22c），右脚由后向前抬起（图 2-22d），左掌侧后横拨，右掌向后方拉出，右腿立刻向前蹬踩而出（图 2-22e）。

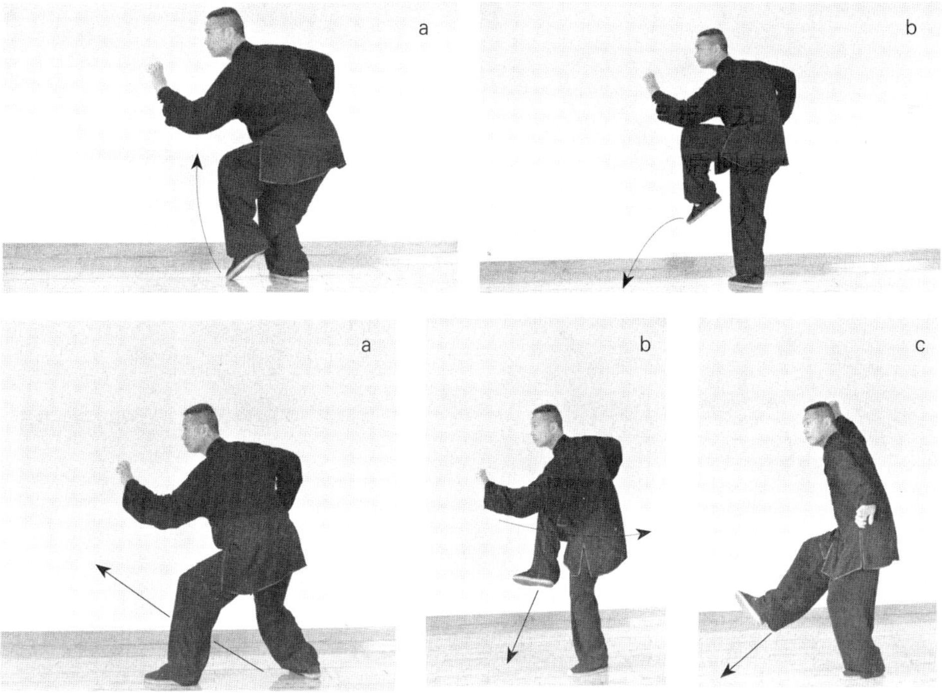

图 2-22　门坎腿

20. 鞭腿

落右脚成左盖步（图 2-23a），在右脚落地同时左鞭腿踢出（图 2-23b，图 2-23c）。

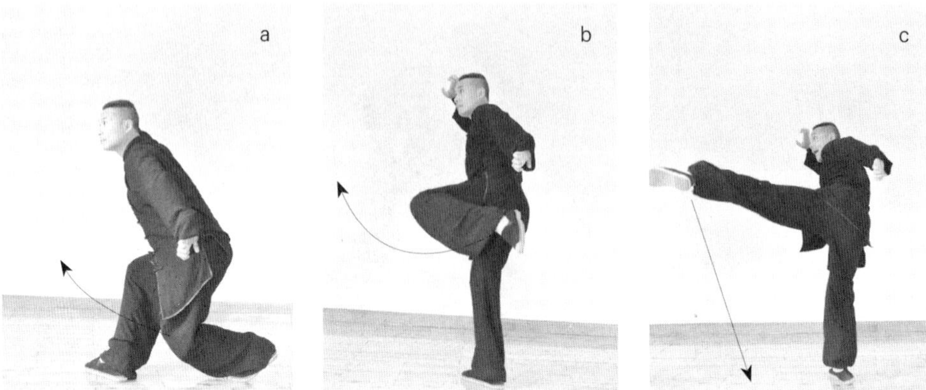

图 2–23　鞭　腿

21. 铲腿

上动不停，左脚落地（图 2–24a），左手上抬，右手向后向下横拨，同时右腿由后向前方左侧铲出（图 2–24b，图 2–24c）。

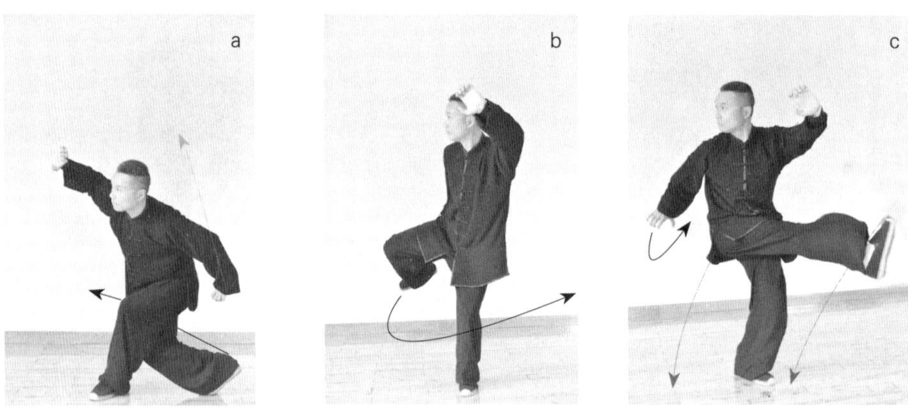

图 2–24　铲　腿

22. 举火燎天

身体向右扭转下坐，左脚掌外摆，落地后左脚在上、在前成歇步，右掌下压，左掌收至左肋（图 2–25a），身体顺势前倾，左脚上前站立，左手上撩，起立同时右手上捋，右腿直腿勾踢（图 2–25b，图 2–25c）。

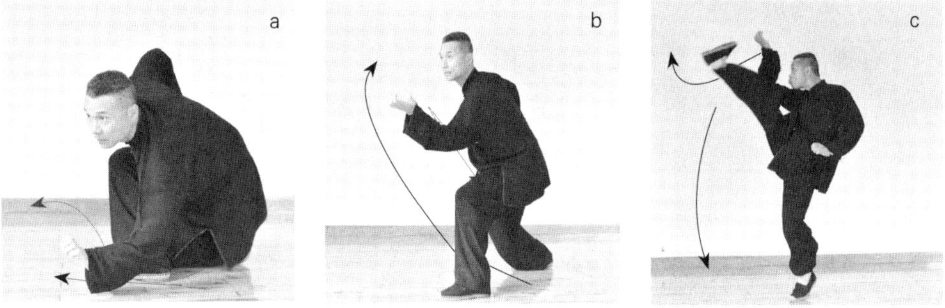

图 2–25 举火燎天

23. 单攀爪

随右足落地，右手翻掌，由上向下压，重心前移，左爪在后护胸，右爪侧上方击抓对方肋部，目视右侧上方（图 2–26）。

图 2–26 单攀爪

24. 独立抓擒

提右膝，重心前压，左爪探出，右爪回拉，支撑腿微弯，含胸拔背，目视前方（图 2–27）。

图 2–27 独立抓擒

25. 抡臂破面捶

右脚落地，左手反臂抡劈拳（图 2–28a，图 2–28b），右腿前跨，右手抡臂向前，以右拳轮部向下刮击（图 2–28c，图 2–28d），左前盖步上前，翻身右反臂攻击（图 2–28e）。

图 2–28　抡臂破面捶

26. 反手抓擒

右腿提膝前迈，左足跟，右拳变爪（图 2–29a），左跪步，双手由下向上反抓（图 2–29b）。

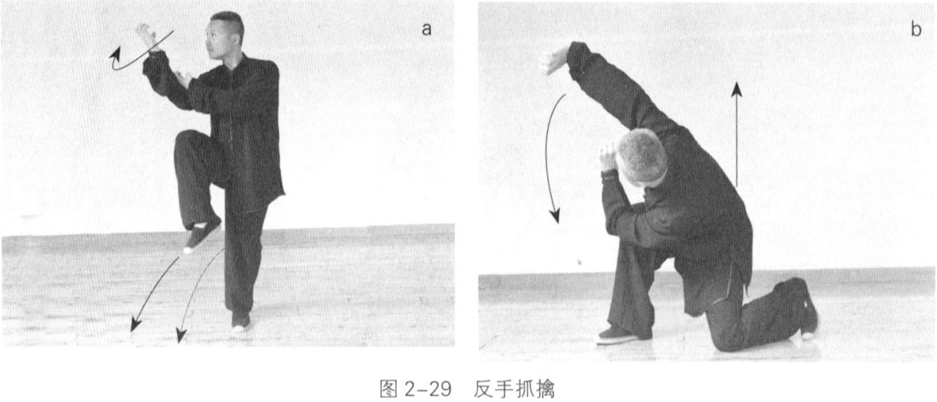

图 2–29　反手抓擒

27. 跃步双按掌

站立，两手变掌，左掌在上，右掌在下（图 2–30a），双臂由右向左，双手由上向下划过两腿前侧，身体重心上跳，双腿换位，双掌下压成仆步（图 2–30b）。

图 2–30　跃步双按掌

28. 扑翅大抡环

左手上举，右手回拉，重心前移成左弓步，右手抡，拍击右腿时，重心左移（图 2–31a），右手继续向前运动，右臂左掌相会（图 2–31b），右手回拉，左手拍击左腿，右手斜上举（图 2–31c），右手继续向上循环，重心左移成左弓步，抡臂拍击左掌（图 2–31d）。

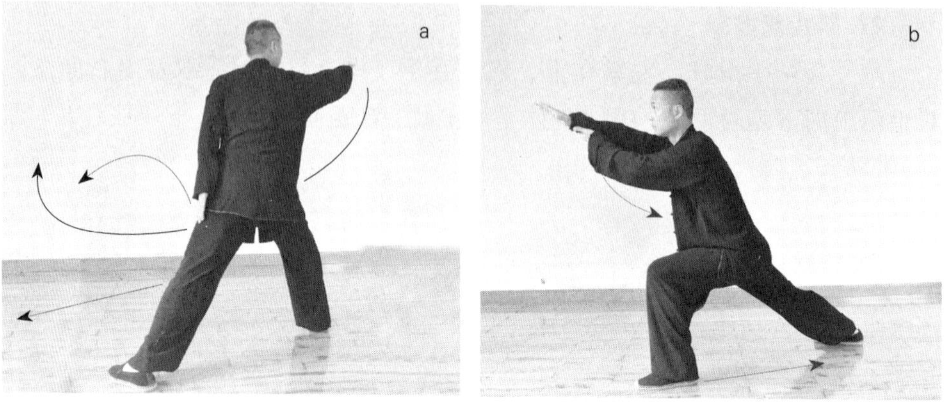

图 2–31　扑翅大抡环

29. 岩鹰展翅

双手下压收左腿，双掌下行（图 2–32a），左腿上抬，双掌上插（图 2–32b），双手贴后腰下穿，左足后插步，两手尽量向后方上举（图 2–32c），左旋转至极限，双臂打开（图 2–32d，图 2–32e）。

图 2–32　岩鹰展翅

30. 行步穿云

两掌撑开，两臂平开向右转身，左右脚交替，低桩向左弧线行四步（图 2–33a ～图 2–33d），行至第五步时，右手在上，前穿，左手在下，两足继续行步，向右回旋，左足扣步（图 2–33e），右掌过头，提右膝回旋（图 2–33f ～图 2–33i）。

图 2–33　行步穿云

31. 鹰击长空

回旋落地，面向起式右侧，左手在前（图 2–34a），右脚提起下踏震脚（图 2–34b），提左膝，收左手，右手为爪形，向上击出（图 2–34c，图 2–34d）。

图 2–34　鹰击长空

32. 双爪擒按

左转身，右手落，左手收到左肩（图 2–35a），左脚落于左侧，成骑龙步，翻身重心向左，压两爪，目视前方，重心在右腿（图 2–35b）。

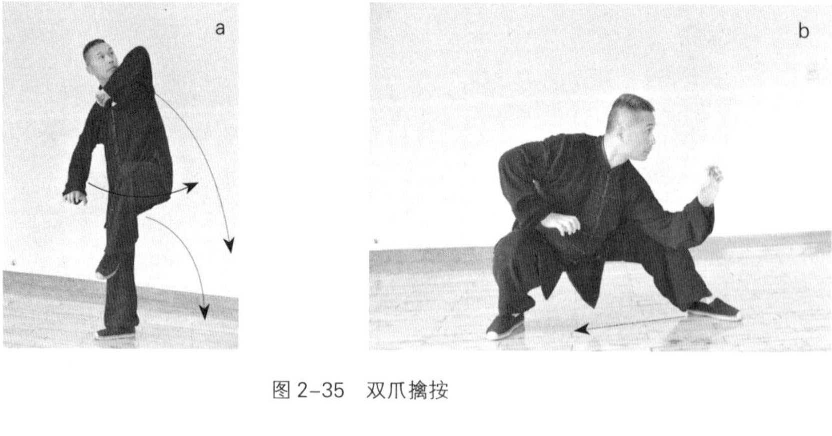

图 2–35　双爪擒按

33. 缩步回收

重心回收，成左丁步，收左爪，目视左前方（图 2–36）。

图 2–36　缩步回收

34. 翻身扑面掌

借回收速度，翻身提左膝，左手翻爪（图 2–37a），左脚落地，左手抡臂扑出（图 2–37b），立即上右脚，收左爪，出右爪（图 2–37c），重心前压，出左足虚步，左爪向外撑（图 2–37d）。

图 2–37　翻身扑面掌

35. 撩阴扑面

右脚上步，左手下压，右爪撩阴（图 2–38a），左脚跨前，左爪向外探，右爪回拉（图 2–38b）跨右足，右爪同时向前扑出，重心前压（图 2–38c）。

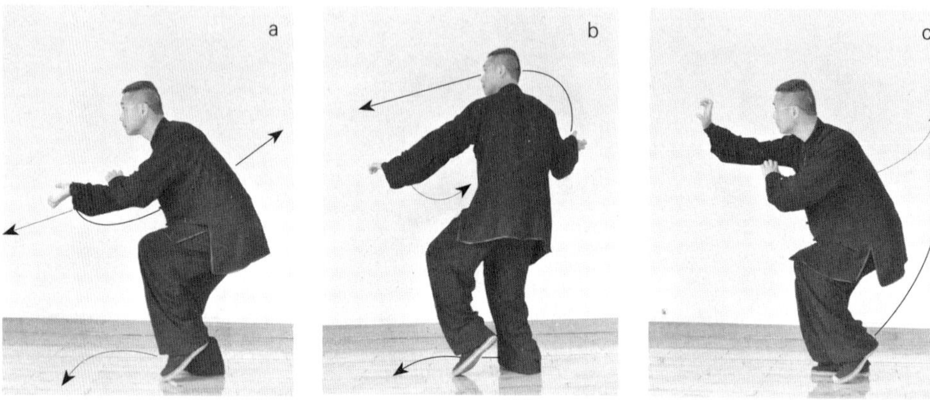

图 2–38　撩阴扑面

36. 提膝反腕崩弹

提左膝，两手向上分开，同时变爪形，左低右高，目视左下方（图 2–39）。

图 2–39　提膝反腕崩弹

37. 舒翅归巢

左腿下落，重心右移，成左扑步，两手插至两侧（图 2–40a），重心左移，两手至左侧（图 2–40b）。

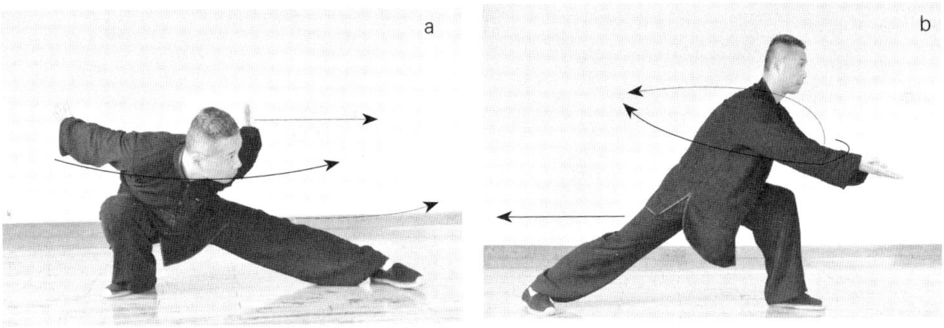

图 2–40　舒翅归巢

38. 守望式

重心右移，双掌变爪回收胸前交叉，目视右前方（图 2–41a），左脚上前成虚步，双手由爪变掌，目视左前方（图 2–41b）。

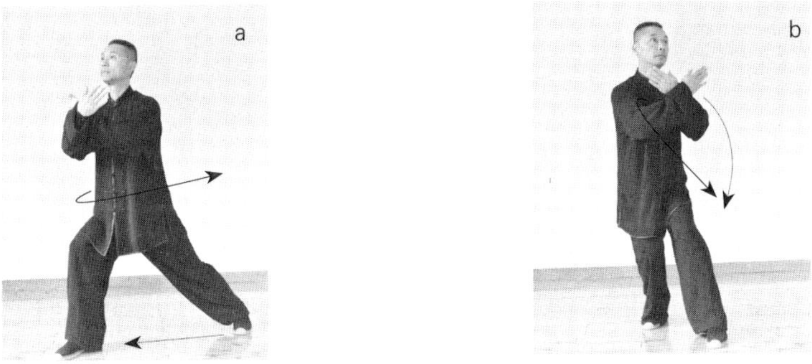

图 2–41　守望式

39. 收势

缓缓下落至两侧，上右足（图 2–42a），两脚并立，目视前方，双臂自然落于大腿两侧，成立正式（图 2–42b）。

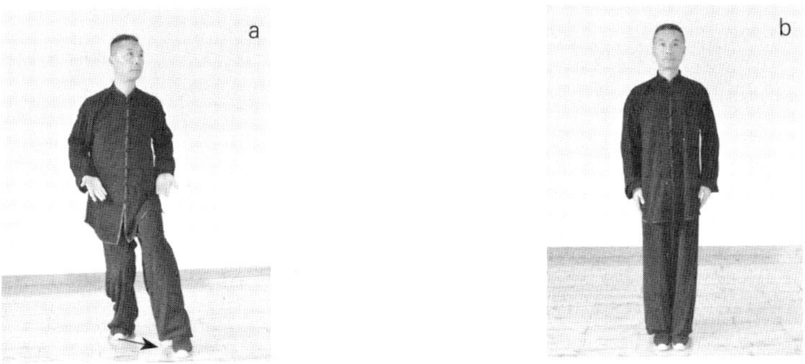

图 2–42　收势

第二节 峨眉武术器械

一、峨眉七步单刀

（一）峨眉七步单刀源流及特点

峨眉七步单刀是短器械当中具有代表性的演练项目之一，峨眉七步单刀是由刘崇俊传吴振环，吴振环传肖家泽。

峨眉七步单刀更多的是运用步法带动身法，以身形变化驱动刀法运行，依靠巧妙的技法取胜。所以在刀法的演练过程中能够看到由步子的转折带动刀法产生的变化，在刀法变化的细节中体现出实战过程的攻防原理。

拳谚当中谈道："法门以步为先"，而这套刀法里集中体现的七种步法为：摆扣步、蛙行步、击步、跃步、翻跳步、盖窜步、迂回步。正是由于有了多变的步法，整个套路的运行也就更加灵活，技法表现也更加充分。这路刀法在演练过程中时而步步紧逼，时而进退有序，能够在迂回辗转之间把各种刀法精准地表现出来。

武术器械当中刀、剑的表现风格各异，有比喻"刀如猛虎，剑如飞凤"。这是比较形象地概括了刀、剑在实战过程当中的用法的不同之处。刀的大力砍劈动作比较多，而剑被形容为"剑走轻灵"，讲究的是剑走偏锋，而不强调硬拼硬接。

剑的用法用巧不用刚，不讲硬拼硬碰。相比而言，刀方法是充分利用刀的重力作用，运用刀的刚猛之势，强调的是大力劈砍。因为刀是单面开刃，所以在运用刀法的时候，有用刀刃砍、劈、削、抹、上撩，下斩等刀法，也有用刀背反转磕碰，硬接对方的兵器的技法。峨眉七步单刀这套刀法充分体现了峨眉武术的特色，由于步法带动身法而产生刀法，自然也产生了很多攻守兼备的刀法，突出了近身格斗的技法，彰显出峨眉武术刀法中凌厉的攻势和严密的防守之法。

（二）七步单刀演练方法

1. 起势

两脚并拢，两眼平视前方，左手掌根托住刀的护手盘， 五指扣握刀柄，刀刃向前将刀置于体前（图 2–43a），右掌前伸（图 2–43b），右臂向内弯屈然后下落（图 2–43c），右臂上抬挑掌（图 2–43d）。

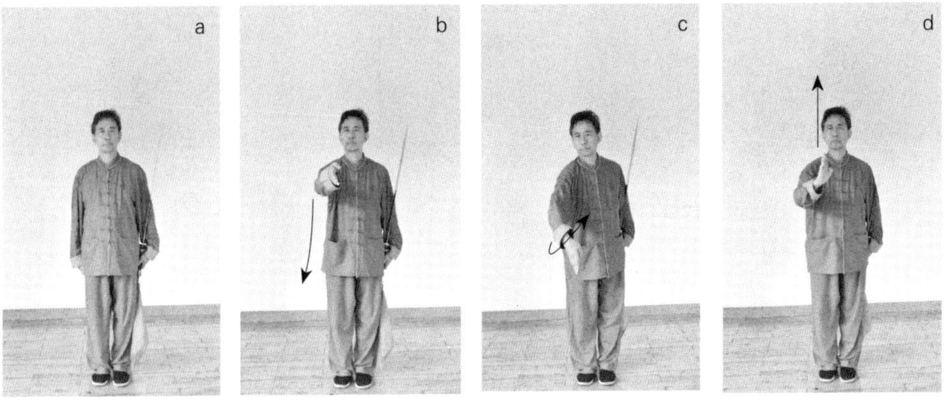

图 2–43　起　势

2. 朝天一炷香

右掌上举，头随手动，目光跟随手掌移动，指尖向上，手掌向上举，目光紧随（图 2–44）。

图 2–44　朝天一柱香

3. 虚步抱刀式

上身姿势不变，提右膝（图 2-45a），右脚向下猛踩，右手同时下降到右侧，左手向左横移（图 2-45b），左脚上前成虚步，左手抱刀于胸前，右手举掌过头，向外翻掌，转头直视前方（图 2-45c）。

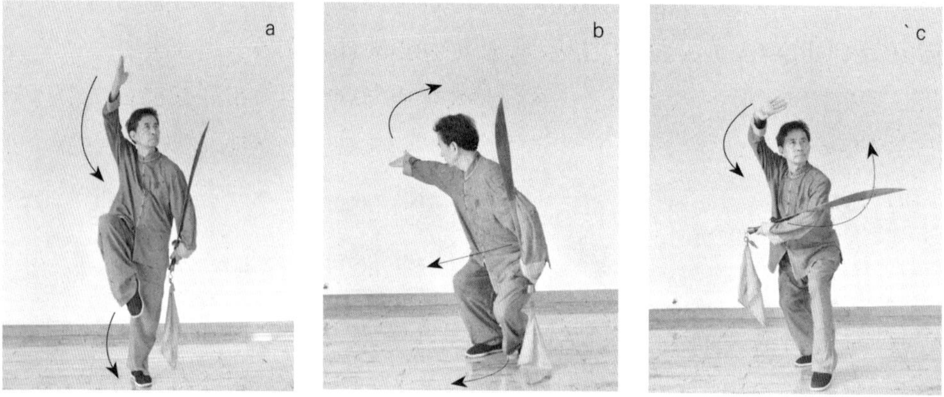

图 2-45　虚步抱刀式

4. 金鸡独立

云手，左手由下到右上方，右手由上到右下方（图 2-46a），提左膝（图 2-46b），右掌上穿，掌心向内，目视右上方（图 2-46c），翻掌，掌心向外，摆头目视左下方（图 2-46d）。

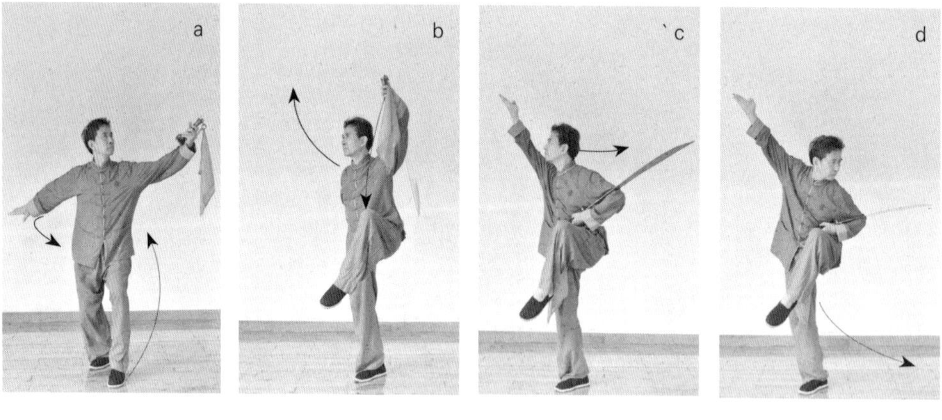

图 2-46　金鸡独立

5. 平沙落雁

左脚下插成左仆步，刀柄向前，右手伸直斜上穿举（图 2–47）。

图 2–47　平沙落雁

6. 击步单拍腿

上动不停，身体前窜，右脚上前半步踏脚击步震脚（图 2–48a），右脚落地，左腿抬起（图 2–48b），左脚下踏，左右手与左手握刀位相合（图 2–48c），另一视角动作（图 2–48d），上动不停，在左脚跨落地同时，右手掌心击右脚背（图 2–48e）。

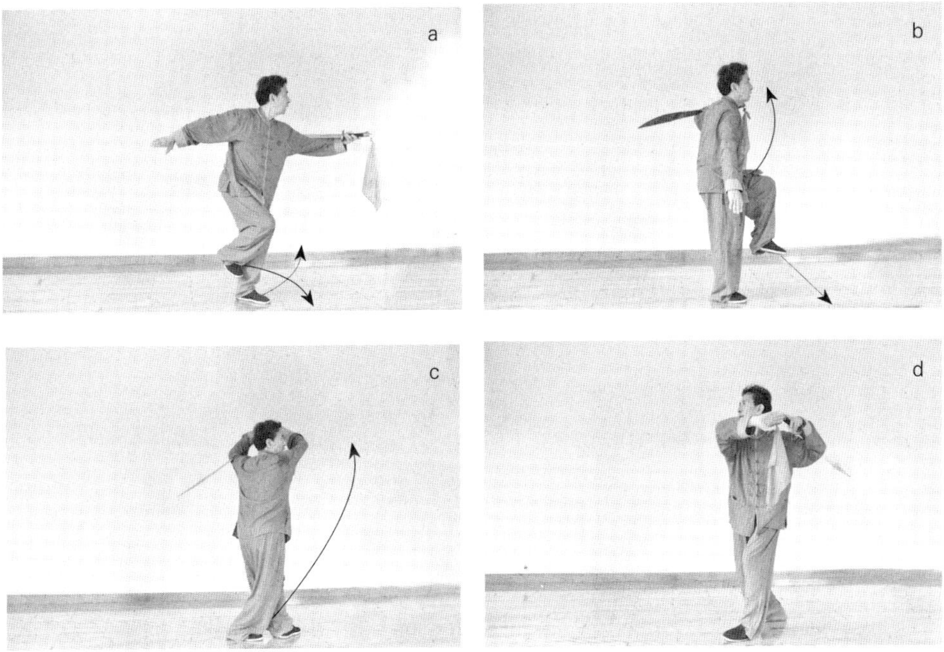

图 2–48　击步单拍腿

7. 坐盘抱刀

右脚盖步落地，右手下行，左手上行（图 2–49a），双手继续弧线运动至右手在上左手在下的位置，左手抱刀，右手翻掌向斜上方，同时身体下沉为坐盘（图 2–49b、图 2–49c）。

图 2–49　平沙落雁

8. 缠头裹脑

向上向前起身，右手接刀，同时左腿后抬（图 2–50a），另一视角动作（图 2–50b），左脚上前、右脚跟步，右手以刀背绕过头部、背部（图

2–50c），刀口向前横斩劈，左手翻掌上举（图 2–50d）。

图 2–50　缠头裹脑

9. 丁步切刀

横向往右后方挥砍，同时左腿抬起（图 2–51a），左脚落地过程中，同时刀背贴后背（图 2–51b），左脚落地，刀背过头（图 2–51c），上动不停，身体下蹲，右脚为丁步，刀口下切，左手按压刀背（图 2–51d），另一视角（图 2–51e）。

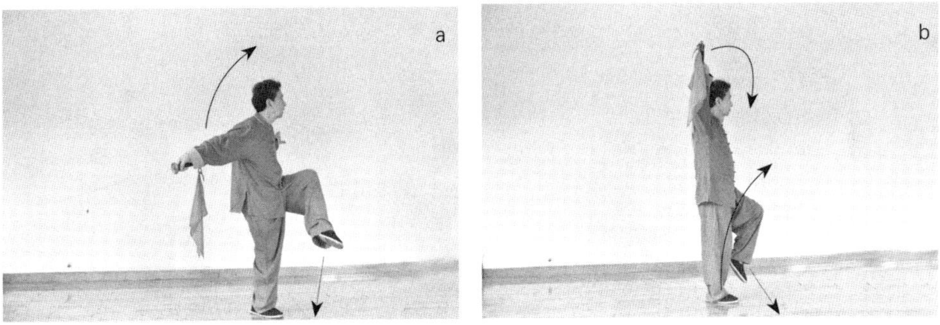

图 2-51　丁步切刀

10. 丁步藏刀

提起右脚，刀背贴左手臂（图 2-52a），翻身向右侧，成右丁步，左掌上架，刀口向外，成丁步藏刀式（图 2-52b）。

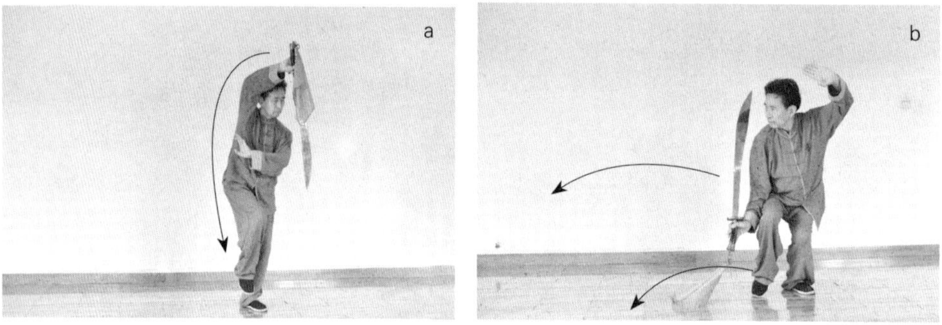

图 2-52　丁步藏刀

11. 右弓步平刺

右脚向右前方跨成右弓步，左手后延，刀尖向前刺出（图 2-53）。

图 2-53　右弓步平刺

12. 左弓步平刺

向左回身，左手护右肩，成左弓步平刺刀（图 2–54）。

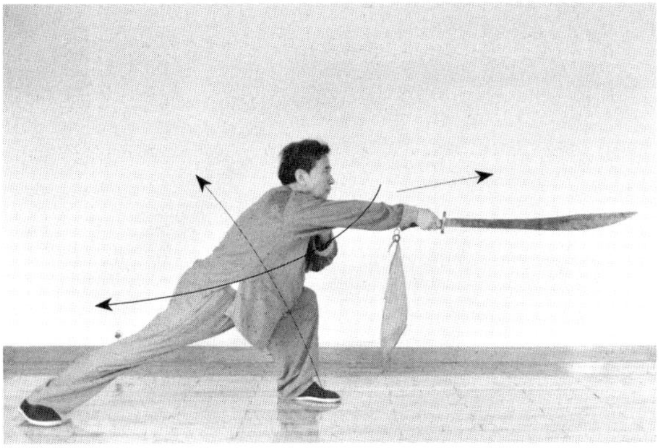

图 2–54　左弓步平刺

13. 独立藏刀

提左膝，左手竖掌前伸，藏刀于右腰间，身体略前倾（图 2–55）。

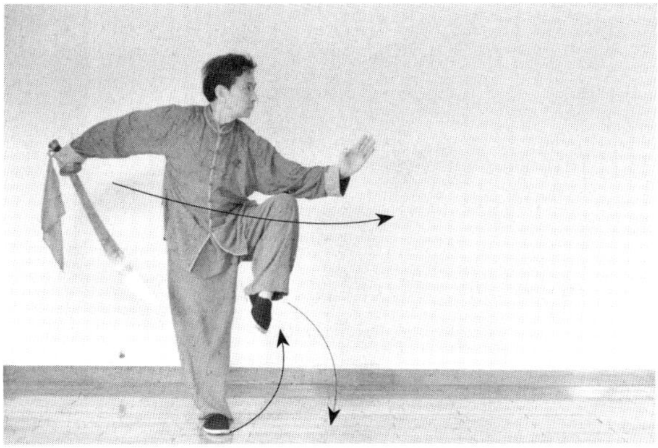

图 2–55　独立藏刀

14. 窜盖步抡刀

左脚下落蹬地跳跃，右手抡刀同时抬右脚向前窜（图 2–56a），右脚盖过左脚窜步，落地时刀背经过头和左肩到达右肩侧（图 2–56b）。

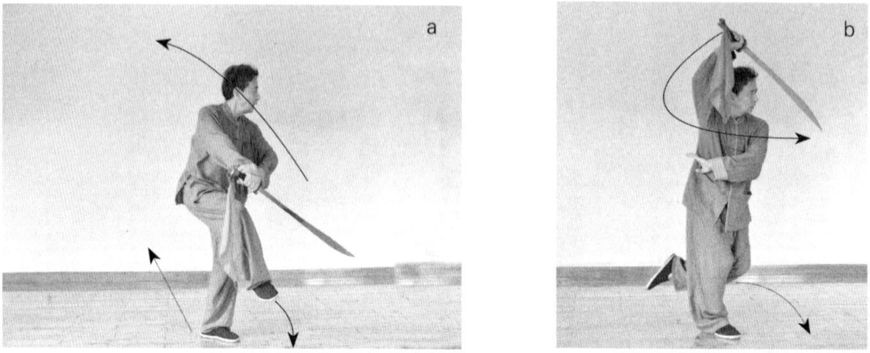

图 2-56　窜盖步抡刀

15. 盖步横砍

左脚落地，成左弓步横砍（图 2-57a），另一视角（图 2-57b），右腿盖步，刀由左至右横砍（图 2-57c）。

图 2-57　盖步横砍

16. 弓步切刀

右脚偷步，左腿向上、向右后方提起，刀收至肩背部位（图 2-58a），左脚下落成弓步，左手推刀下压，切刀至膝下（图 2-58b），另一视角（图 2-58c）。

图 2-55　弓步切刀

17. 弓步架刀

扑步右转，双手推刀向右（图 2-59a），继续推刀向右、向上运行，弓步架刀于右上方（图 2-59b）。

图 2-59　窜盖步抡刀

18. 蛙行步云刀

左脚上步靠拢右脚，向右绞步回身，左掌护臂弓手，顺势向后云刀（图 2-60a ~ 图 2-60c），上左脚后立即上右脚，刀刃向上、向前，向上撩刀（图 2-60d），向左绞步回身，向左后方云刀（图 2-60e、图 2-60f），上左脚，顺势撩刀（图 2-60g、图 2-60h），提左膝向后云刀（图 2-60i），落左脚，拖刀在后（图 2-60j）。

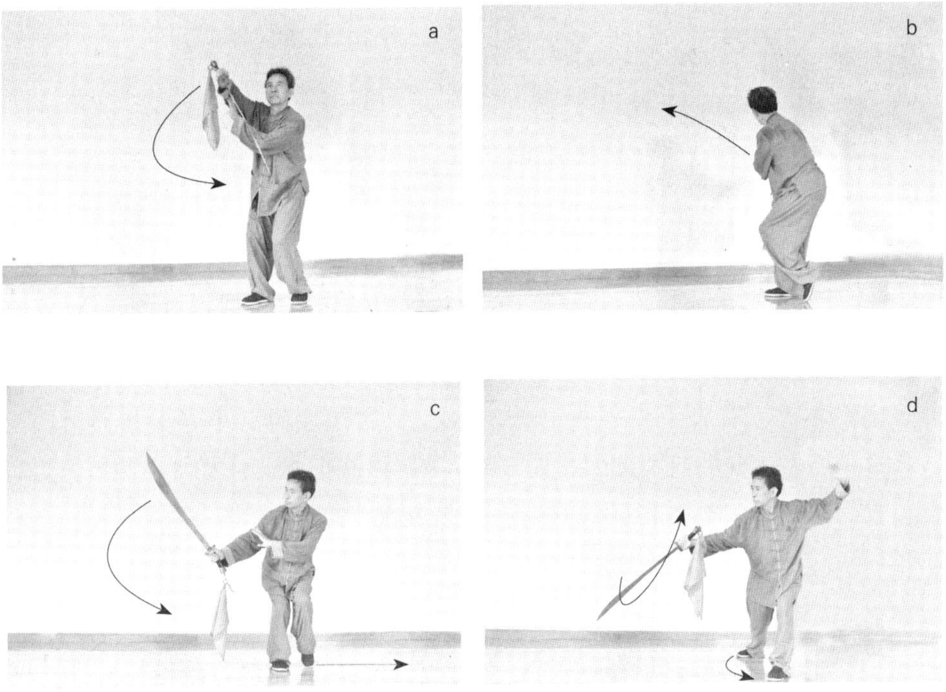

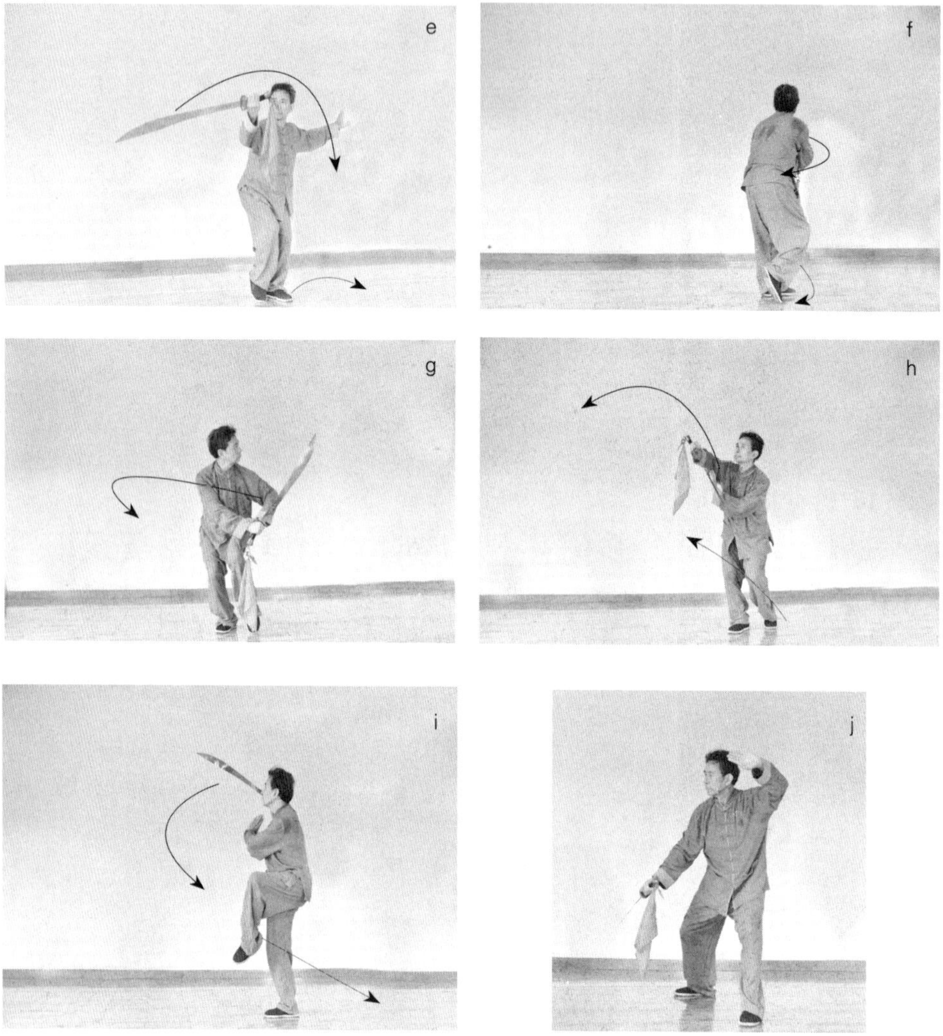

图 2-60　蛙行步云刀

19. 追步翻跳步藏刀

上动不停，右脚迈步落地（图 2-61a），再迈左脚，小碎步共追出四步（图 2-61b），右手向上撩刀（图 2-61c），由胸前撩刀（图 2-61d），抬右腿，搅刀、翻身（图 2-61e），右脚落地成左虚步藏刀（图 2-61f）。

图 2-61　追步翻跳步藏刀

20. 绕身迂回步

右脚迈步落地（图 2-62a），左脚快速向右迂回上步，左手探向左侧（图 2-62b，图 2-62c）。

图 2–62　绕身迂回步

21. 弓步劈刀

身体左后回身（图 2–63a），左脚上步（图 2–63b），顺势上右脚，右弓步劈刀（图 2–63c）。

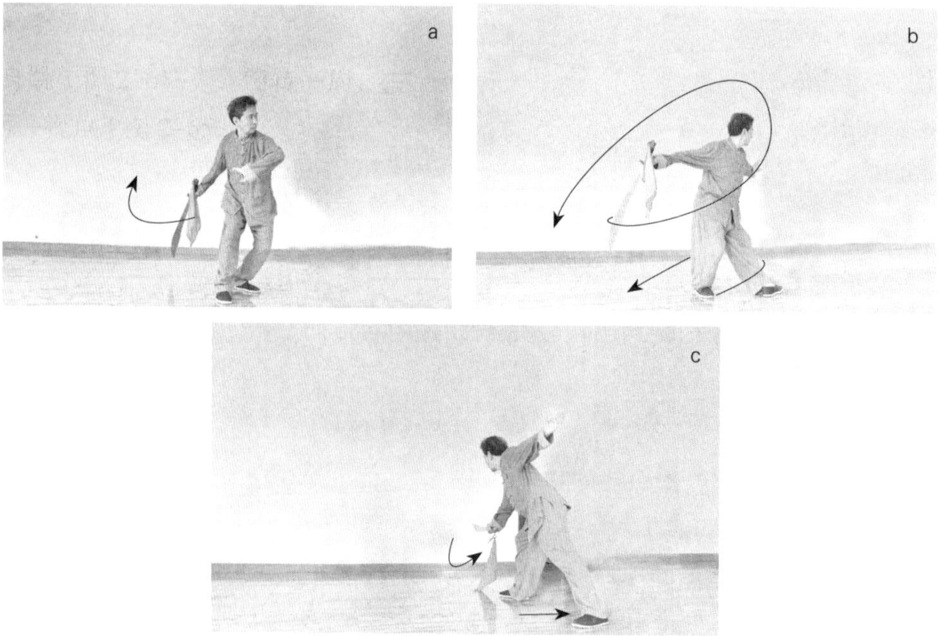

图 2–63　弓步劈刀

22. 插步翻跳步劈刀

右脚上步，搅刀至左侧（图 2-64a），左脚插步，向后方向下劈刀（图 2-64b），另一视角（图 2-64c）。

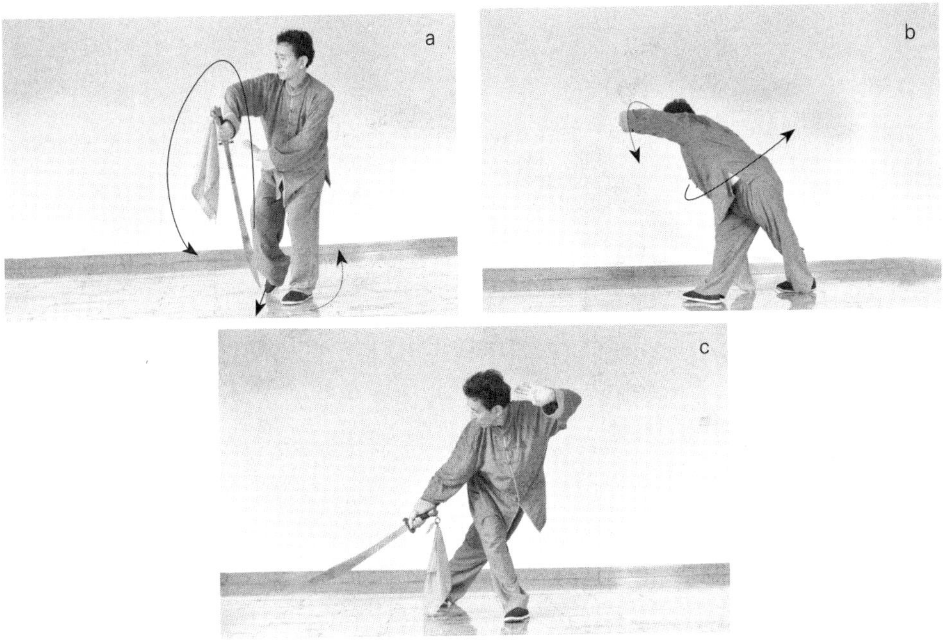

图 2-64 插步翻跳步劈刀

23. 扑步劈刀

左转身（图 2-65a），提左腿，向左翻身跳（图 2-65b），旋转一周，左脚落地，翻身成右扑步劈刀（图 2-65c），另一视角（图 2-65d）。

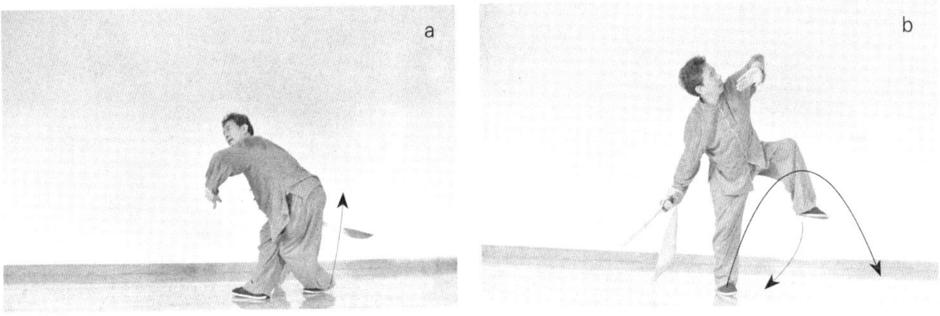

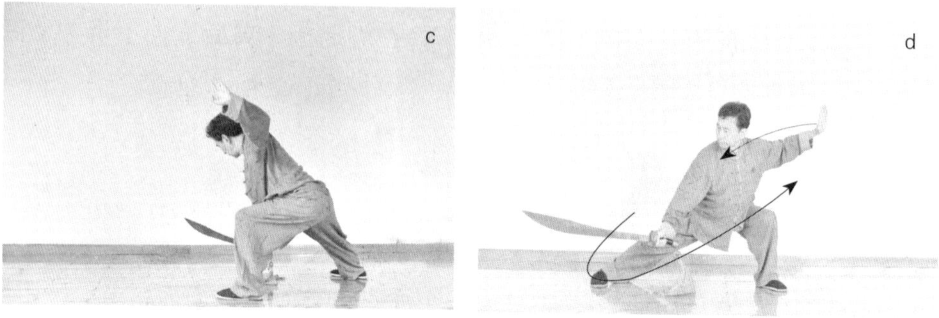

图 2-65　扑步劈刀

24. 丁步藏刀

向右肋位横劈刀（图 2-66a），刀柄举向右上方，刀身贴背（图 2-66b），左脚扣步上步，刀绕过头顶，左掌上举，成右丁步藏刀（图 2-66c）。

图 2-66　丁步藏刀

25. 右跃步横拦刀（右弓步藏刀）

右脚提起（图 2-67a），右脚蹬地右旋转跳跃，左脚跨跃步，刀绕至头顶（图 2-67b），跳跃旋转一周，劈刀至右腰，右脚落地，右弓步藏刀（图 2-67c~ 图 2-67e）。

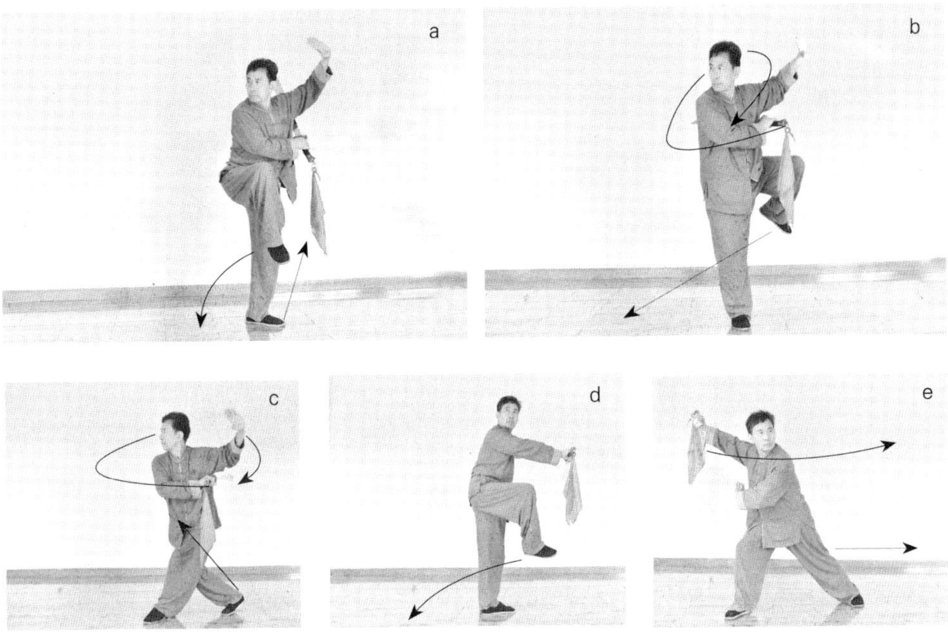

图 2-67　右跃步横拦刀（右弓步藏刀）

26. 独立藏刀

由右弓步变左弓步，平行向来的方向刺刀，左手护右肩（图 2-68a），借势提左膝，提刀藏于右侧（图 2-68b）。

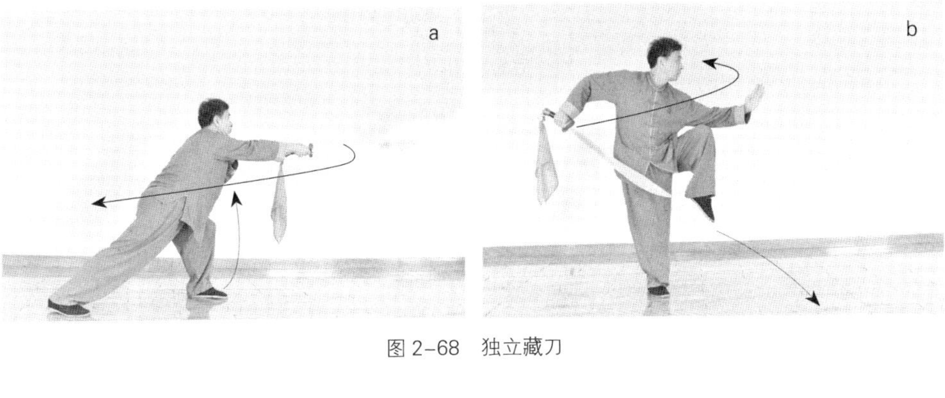

图 2-68　独立藏刀

27. 左跃步横拦刀

左脚落地蹬跳左旋转，刀由右绕至左肩（图 2-69a），右脚落地，身体左旋转，左脚落地，左旋转连续动作，刀从左肩至左腰横砍一周成左弓步（图 2-69b~ 图 2-69d）。

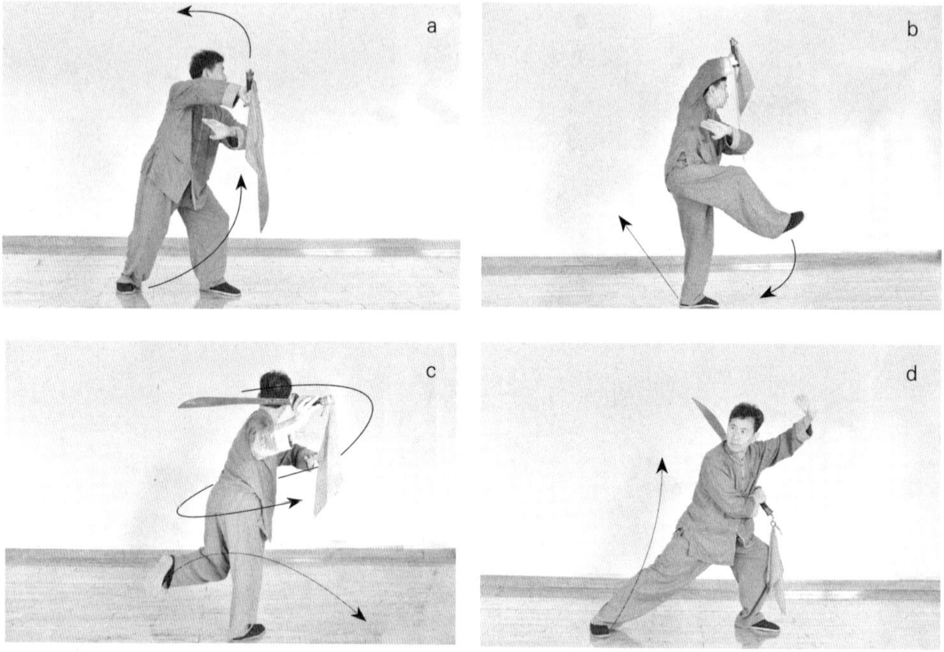

图 2-69　左跃步横拦刀

28. 独立藏刀

提右膝，藏刀于左后背（图 2-70）。

图 2-70　独立藏刀

29. 右跃步横拦刀

右脚落地，刀身绕头部肩背部一周，右旋转跳跃一周（图 2-71a，图 2-71b），右转连续动作，右跨步，成右弓步藏刀（图 2-71c）。

图 2–71　右跃步横拦刀

30. 撤步压刀

左弓步平刺刀，左手护右臂（图 2–72a），撩刀过左肩，提左膝（图 2–72b），落左脚，右刀横压刀身于右侧，左手斜摊掌于左侧，成左侧倾之斜马步（图 2–72c）。

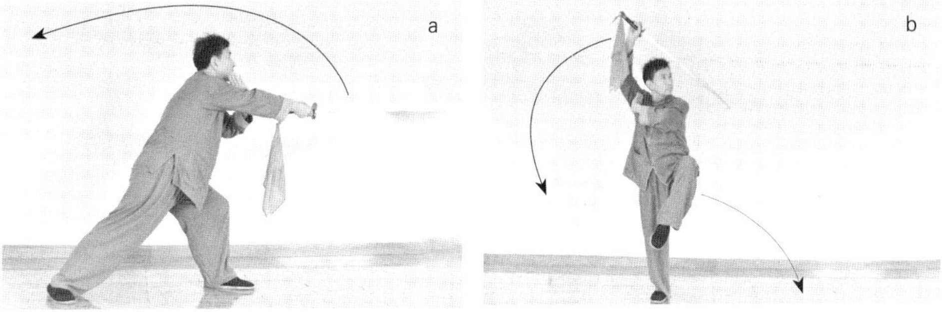

图 2-72　撤步压刀

31. 蛙行步拖刀

迈右脚盖步，左手摊掌，右手持刀位置不变（图 2-73a），上肢体位和刀法不变，向左运行，迈左脚（图 2-73b），再迈右脚（图 2-73c）。

图 2-73　蛙行步拖刀

32. 靠步横拦刀

上动不停，左脚落地时右脚靠拢左脚，刀平行横拦于左肋位置（图 2-74）。

图 2-74　靠步横拦刀

33. 回身平斩刀

右脚向右侧斜跨，成右斜马步，同时左掌向左斜撑，借腕力抖动之势，右刀猛力向右平行二十厘米，短促发力回斩，目视左前方（图 2-75）。

图 2-75　回身平斩刀

34. 摆扣步抹刀

上身姿式不变，左盖步平抹刀（图 2-76a），右迈步，扣左脚（图 2-76b，图 2-76c），再向旋转摆右脚，扣左脚向右成半圆弧形行走（图 2-76d）。

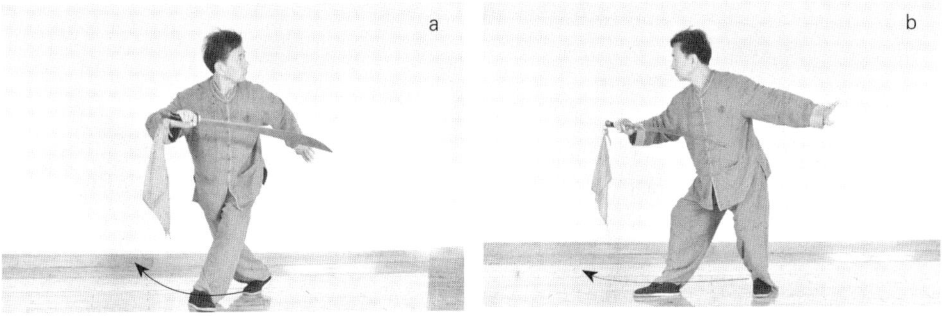

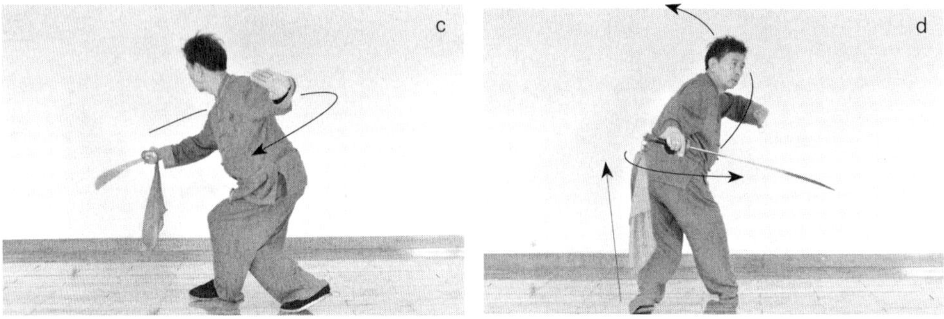

图 2-76　摆扣步抹刀

35. 缠头横砍刀

左转身，抬左脚，刀身过肩绕头（图 2–77a），上动不停，继续左转，刀身绕至前方横砍（图 2–77，图 2–77c）。

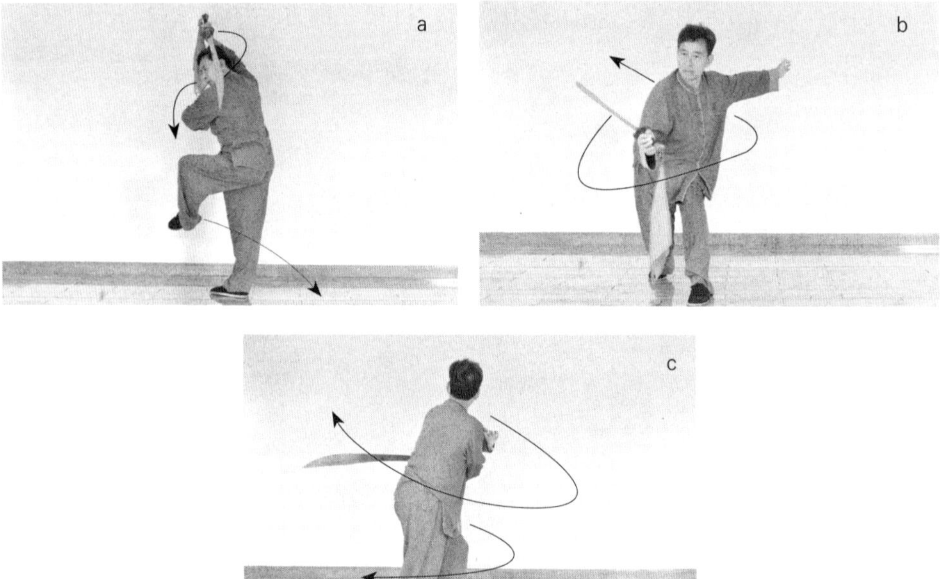

图 2–77　缠头横砍刀

36. 丁步切刀

仰身上右脚，同时横抹刀到项背部（图 2–78a），上左脚时刀从肩背经过头部（图 2–78b），左丁步下蹲，左手按压刀背，向下切刀（图 2–78c）。

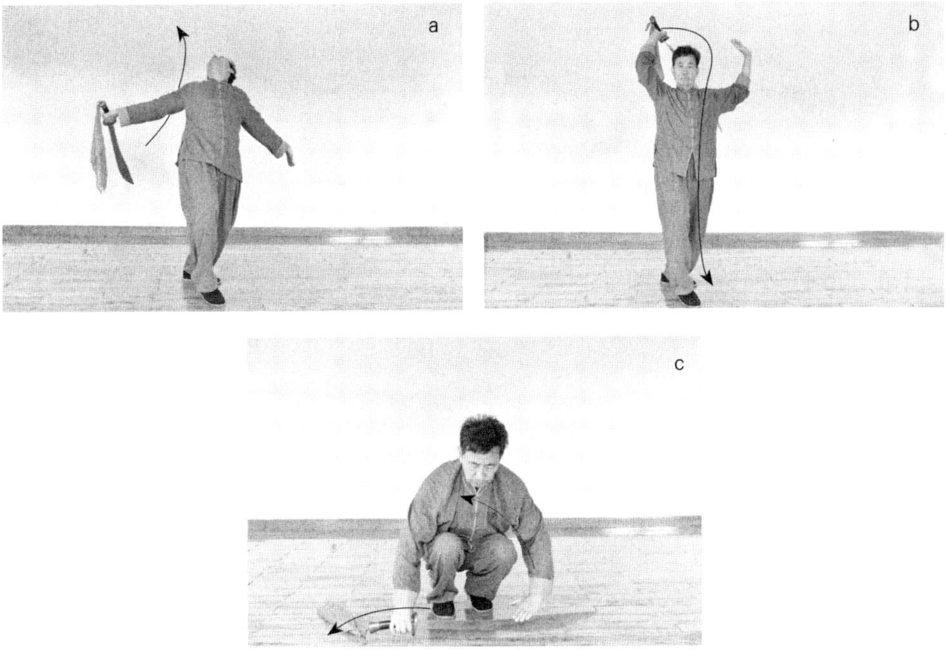

图 2-78　丁步切刀

37. 提膝斜刺

上右脚，收刀至右侧（图 2-79a），提左膝，左手护右臂，斜上刺刀（图 2-79b）。

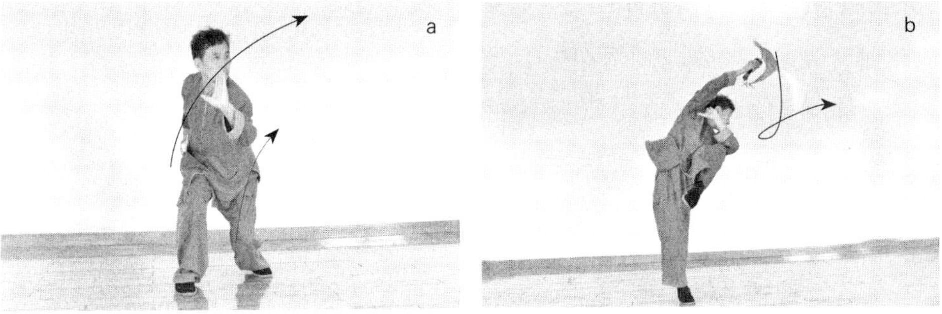

图 2-79　提膝斜刺

38. 白马亮蹄

左脚落地，向内外搅刀（图 2-80a），由外而内翻转刀身，同时平抬右腿，脚掌向外，左手掌前撑（图 2-80b），侧视图（2-80c）。

图 2-80　白马亮蹄

39. 弓步平刺

右脚落地成右弓步，平行刺刀（图 2-81）。

图 2-81　弓步平刺

40. 提撩刀花

收右脚，向左转身，向左上方撩刀（图 2-82a），上左脚，向右转身，向右上方撩刀（图 2-82b），上右脚，侧身向左撩刀（图 2-82c），上身右转放松握刀手腕，上动不停，在刀身沿背运行中提肘拖刀成过面刀（图 2-82d，图

2–82e）。

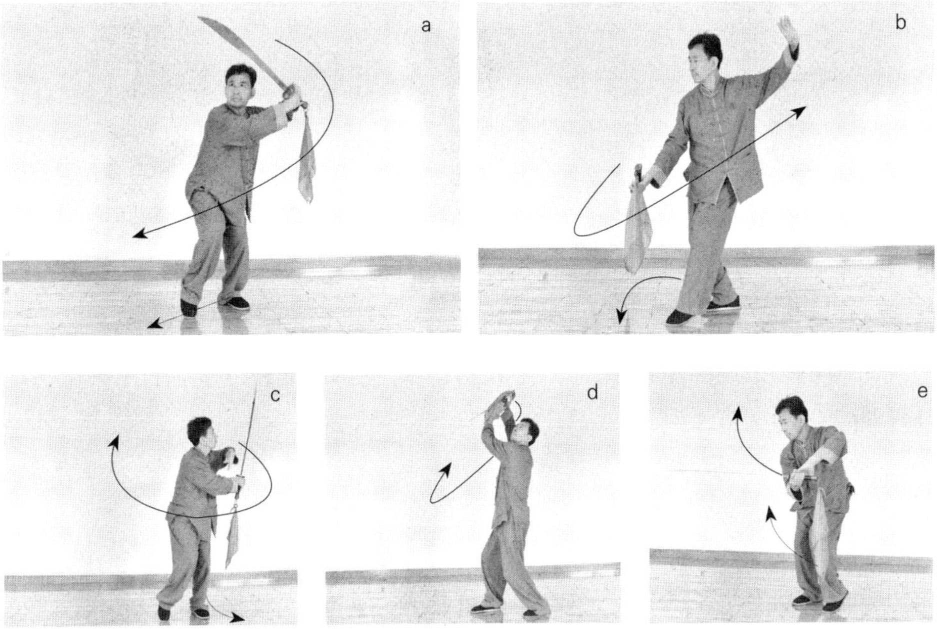

图 2–82　提撩刀花

41. 摆扣步盘头劈刀

上动不停，提左膝，向上提刀，由过面刀转向左肩（图 2–83a，图 2–83b）顺左肩到后背，以刀背贴身，盘头过腰，摆扣步，左、右脚共六步，左转三圈，连劈三刀（图 2–83c~ 图 2–83e）。

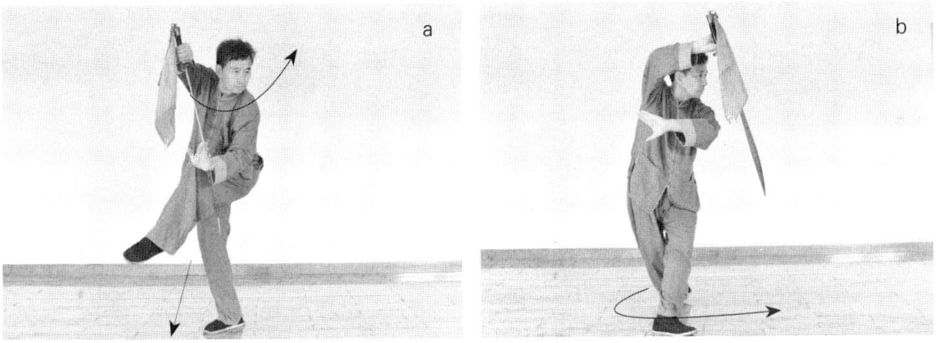

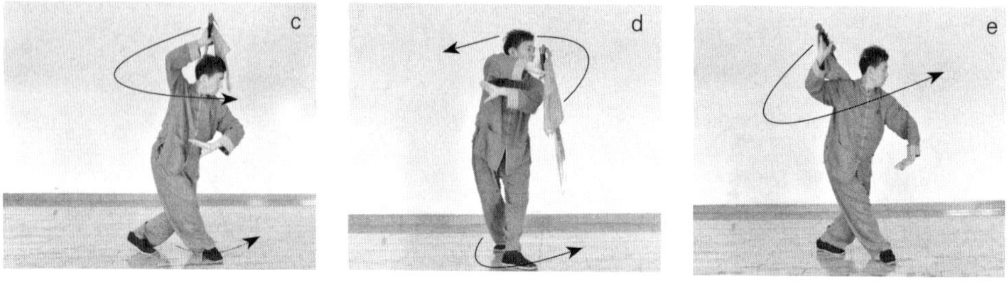

图 2-83　摆扣步盘头劈刀

42. 弓步交刀

上动不停，连续左转圈，劈三刀之后，迈左脚，成左弓步，右手刀交与左手（图 2-84）。

图 2-84　弓步交刀

43. 回身摆掌

右挥手，上右脚摆掌（图 2-85a），收左脚，右虚步，右掌向右侧横向摆动，竖掌的掌心向右后方，目视右后方（图 2-85b）。

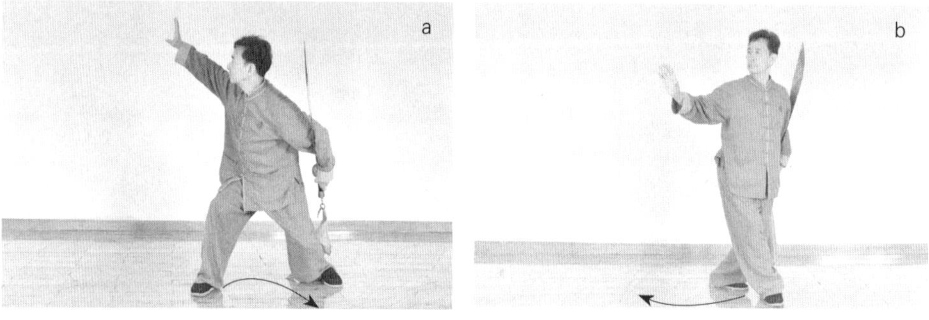

图 2-85　回身摆掌

44. 摆扣步摆掌（流星赶月）

右脚右摆步，向右跨出转圈（图 2–86a），左脚扣步上步，向右转圈（图 2–86b），两脚各迈出三步（图 2–86c）。

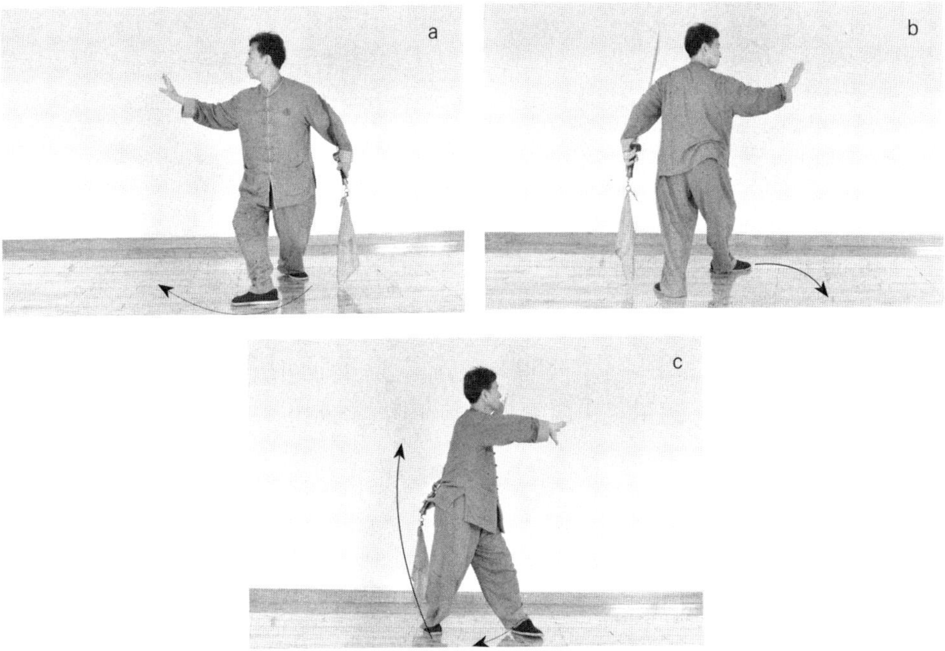

图 2–86　摆扣步摆掌（流星赶月）

45. 揽月入怀（搂手穿掌）

右手向右抓握回揽，同时右脚快速轻跳右跨（图 2–87a），左脚随即抬腿扣步上步，连续动作，转一圈（图 2–87b，图 2–87c），右转同时右手凌空抓握，定于右肋位置（图 2–87d）。

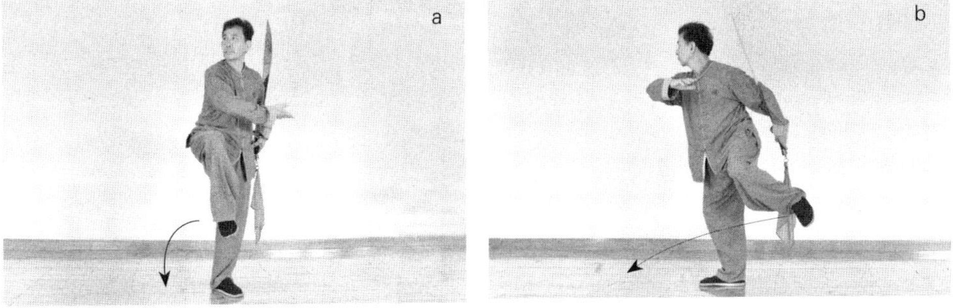

图 2–87　揽月入怀（搂手穿掌）

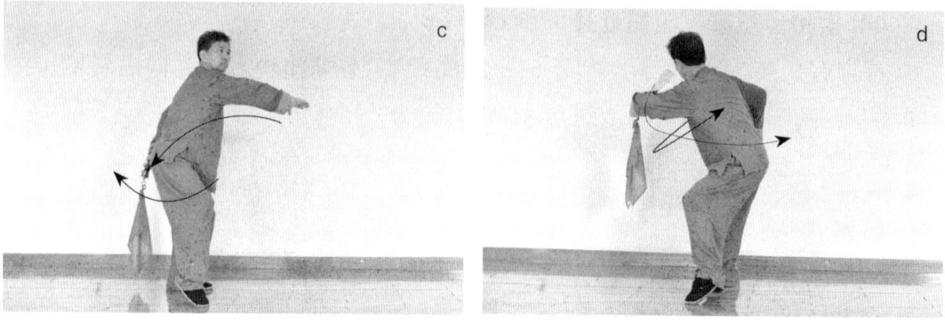

图 2–87　揽月入怀（搂手穿掌）

46. 收势

左手握刀向左横开，右掌平展伸出，同时左脚成左虚步（图 2–88a），左、右手由两侧上抬（图 2–88b），左、右手同时按压至小腹部（图 2–88c），两脚并立，两手置于两侧为收势（图 2–88d）。

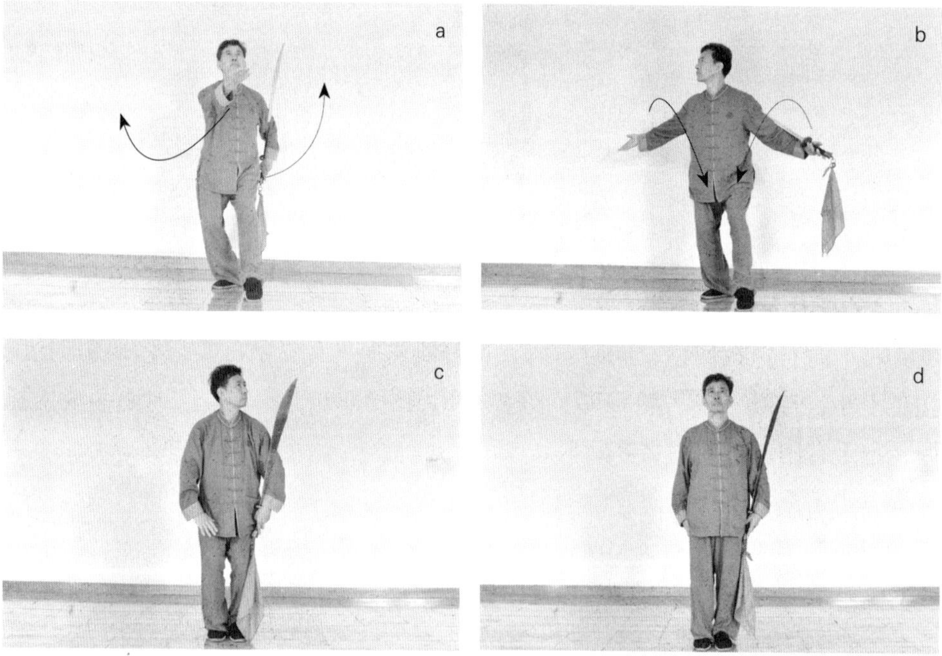

图 2–88　收势

二、峨嵋战剑（峨眉剑）

（一）峨嵋战剑的源流及特点

峨眉战剑是峨眉武术短器械当中具有代表性的演练项目之一，峨眉战剑是由刘崇俊传吴振环，吴振环传肖家泽。自古以来剑做为一种兵器，经历了不同的时代，漫长的时间被赋予不同的用途与身份。战国时期的剑用青铜制造，双面有刃口，后端为手柄，前端为尖锐形状。当时大规模用于战场上的士兵使用。四川三星堆以及成都平原出土很多短剑，为了加强冲击力和抗弯折的能力，整个剑身比较短，被考古界或兵器收藏者统称为巴蜀剑。这种剑就是实战中的兵器，根据剑的结构而形成了特有的拼杀技术，也就是用于实战的剑术。

古人常喻“剑乃君子之器”，因为后来剑的用途逐渐演变为有一定地位的武官用于防身和指挥战场作战之用，或者是有身份地位的达官贵人、文人墨客作为随身佩戴物，相对而言制作较为精细。剑以它的独特文化而不同于其他兵器，不但武人爱随身佩剑，文人墨客亦把剑作为一种精神伴侣。如果说古代的士大夫配戴宝剑是一个身份的象征。而文人佩戴宝剑，则是为了彰显精神气质，以及表现出自己内心世界的强大，用以展示君子之风。在历史上很多诗词歌赋中描写了剑与内心世界的关系，都会把剑的气场和文人的奔放豪情结合在一起，这就更加赋予了剑在社会上崇高的地位与自身的魅力。

自古以来把演练剑术称为舞剑，或称为剑舞。今人有的以为这是指古人握着剑跳舞，其实这是一种误解。历史上有名的“项庄舞剑，意在沛公”的典故，说明在古代舞剑既是一种助兴的形式，也是带有攻防性质的剑术演练方式。

唐代在朝堂之上舞剑者虽为女性，但是要求身着“雄装”献技，即穿上战场上的盔甲舞剑，可见古时候的剑术既可以登朝堂之上，有很高的观赏性，又不脱离用于实战的本质。我们细品唐代诗圣杜甫描写舞剑情景的长诗《观公孙大娘弟子舞剑器行》当中的诗句“昔有佳人公孙氏，一舞剑器动四方”，剑气动四方，显然是对剑术展示中肃杀之气外露的描述；“观者如山色沮丧，天地为之久低昂”可见剑舞再现的是沙场杀伐之气！能让观者凝重得不敢动弹，而且令天地为之色变！“㸌如羿射九日落，矫如群帝骖龙翔，来如雷霆收震怒，罢如江海凝清光”可见那个年代的剑术演练中具有窜、蹦、跳、跃的动作和变化多端、动静相间的精妙的技法组合，这也是后人剑术演练套路中需要追寻的根源。

四川江油人、诗仙李白以剑达意，刻画了剑与人的关系如《行路难三首》“停杯投箸不能食，拔剑四顾心茫然。”《塞下曲六首》其中一首曰：“愿将腰下剑，直为斩楼兰。”《北风行》：“别时提剑救边去，遗此虎文金鞞靫。”《白马篇》：“秋霜切玉剑，落日明珠袍。”再比如借剑达意，充满报国之情，恨不能仗剑杀敌之诗句“雄剑挂壁，时时龙鸣。不断犀象，锈涩苔生……”

峨眉剑法是峨眉武术当中极具代表性的短兵器之一。本章介绍的这套峨眉剑法既有轻灵飘逸的动作特点，也有刚猛迅捷的技法组合。峨眉战剑以步为先，表现了以步法带动身法，身法带动剑法的基本法则，充分展示了身剑协调，剑随身走，身随步行的蜀人剑风，与常见的剑法有很大的区别。因为强调凌厉的剑法，强化实战招式，所以先辈把它称为“峨眉战剑”是很贴切的。

（二）峨眉战剑演练方法

1. 预备动作

左手持剑，剑身平面贴于手臂后侧，两腿并立，目视前方（图 2-89）。

图 2-89　预备动作

2. 仙人指路

右手中指食指并拢为剑诀，握抬右手，头向左转（图 2-90a，图 2-90b），左脚向左迈步，右脚靠左，并步右手同时右手剑诀斜指左前方，左手剑藏于左侧（图 2-90c，图 2-90d）。

图 2-90　仙人指路

3. 退步竖剑

右脚向右侧退，左脚收成左丁步左手竖剑，右手置腰间，头左右微动，双目左右观查（图 2-91a~ 图 2-91b），上身姿式不变，头左右微动，双目左右观查，左脚插步到右脚后侧（图 2–91c），右脚退，左脚收，成左丁步，左手竖剑，右手置腰间，头左右微动，双目左右观查（图 2–91d~ 图 2–91e），左脚再插步到右脚后侧（图 2–91f）。

图 2–91　退步竖剑

4. 扣步过面剑

右摆步，左臂拧转，右转身（图 2–92a），挥右手，左脚向右扣左脚举剑过剑（图 2–92b），右脚摆，左脚扣，继续右转，举剑过左肩并向外旋转，目视剑，背右手（图 2–92c~ 图 2–92d），并步右转，剑收于右腹部（图 2–92e）。

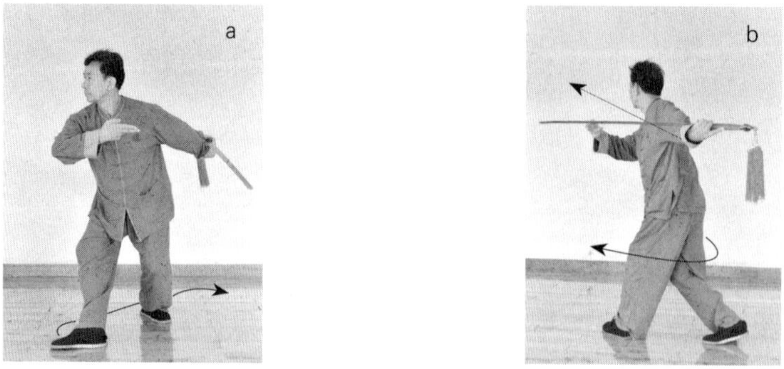

图 2-92　扣步过面剑

5. 歇步背剑

左转，右脚盖左脚，右手反把接剑（图 2-93a），右脚退步，提左腿后退（图 2-93b~ 图 2-93c），倒插左脚成歇步，左手剑诀下按，抬头远望，右手反臂背剑（图图 2-93d）。

图 2-93　歇步背剑

6. 反臂挂剑

左脚上步，左手向下运动，右剑反臂上挂（图 2-94a），收腿并脚，回头望剑，挂剑至右后方（图 2-94b~ 图 2-94c）。

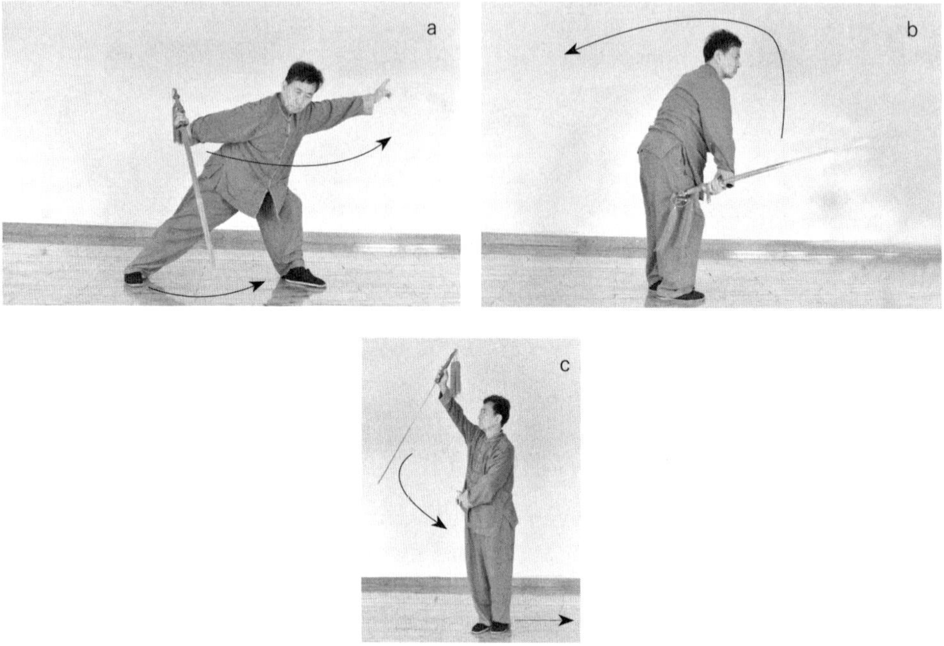

图 2–94　反臂挂剑

7. 反手穿剑

左脚上步，左手向上引动，右手持剑后挂（图 2–95a），右脚上步，右剑继续由后向前、向上穿挂，左手引至上方，两腿微蹲（图 2–95b）。

图 2–95　反手穿剑

8. 插步反手刺剑

左转身，左手置后腰，右剑举过头顶（图 2–96a），右脚向后插步，左手收腰间（图 2–96b），左手剑指上引，左脚后插，右剑后刺（图 2–96c）。

图 2–96　插步反手刺剑

9. 歇步背剑

歇步下蹲，左手握剑诀回压，右手收剑至右背（图 2–97）。

图 2–97　歇步背剑

10. 反臂云剑

左脚向左摆步，右脚扣，右臂反剑平挂于右肩上方（图 2–98a），继续左转剑身经过头面部（图 2–98b），上动不停，左转圈，迈第三步，左摆步，右扣步，右手剑举过头顶旋转，仰头看剑（图 2–98c）。

图 2-98　反臂云剑

11. 右盖步交剑

继续左转，交剑于左胸侧位置，左手倒握剑（图 2-99）。

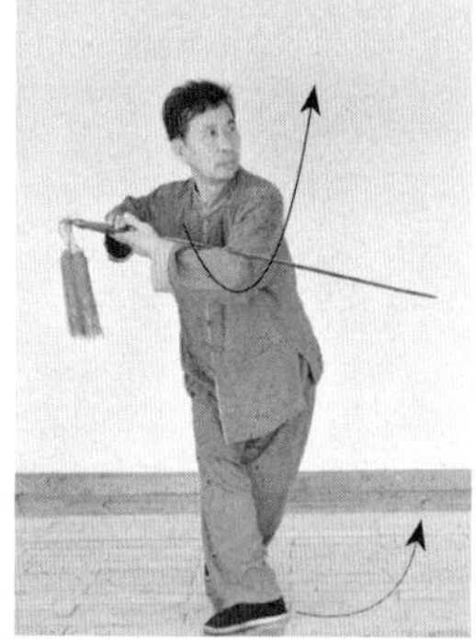

图 2-99　右盖步交剑

12. 摆步过面剑

左脚左摆，左旋转，右手向后移动，左手托剑上举（图 2-100a），扣右脚，左转一周，左剑过面（图 2-100b）。

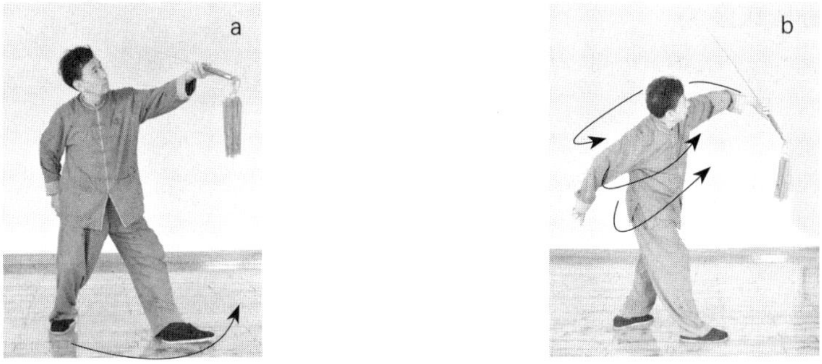

图 2–100　摆步过面剑

13. 摆步旋身交剑

左摆步，右手接剑（图 2–101a），右扣步，右手倒提剑（图 2–101b）。

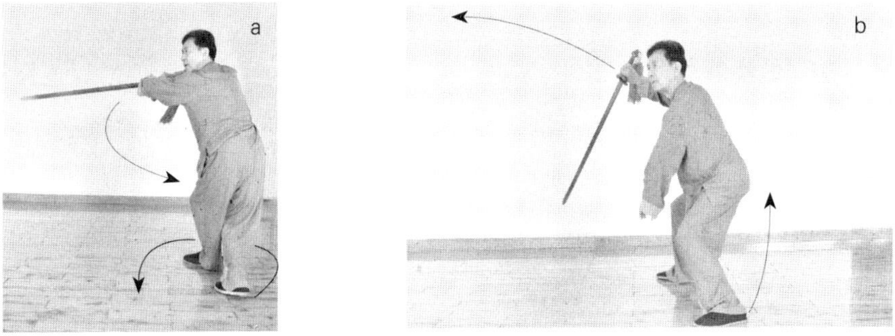

图 2–101　摆步旋身交剑

14. 举腿上劈斩剑

身体左转，倒身举左腿，右斩剑（图 2–102）。

图 2–102　举腿上劈斩剑

15. 勒马式竖剑

左脚落地成马步，剑收于右腹位置（图 2–103）。

图 2–103　勒马式竖剑

16. 弓步斜刺

倒弓步，左手后架，右剑向右上方斜刺（图 2–104）。

图 2–104　弓步斜刺

17. 丁步点剑

右脚收步，向内侧搅剑（图 2–105a），右脚上步外侧搅剑（图 2–105b），左脚跟步成丁步，右点剑（图 2–105c）。

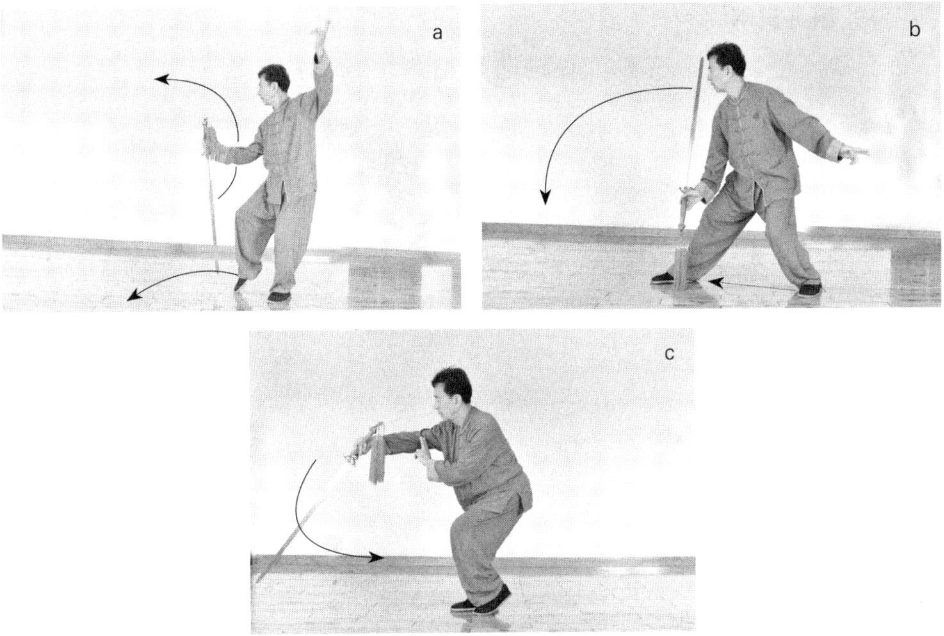

图 2-105　丁步点剑

18. 盖步搅剑

右摆步，左脚盖步上前右转身，同时右侧搅剑，左手护剑柄（图 2-106a），搅剑过程中继续右转（图 2-106b~ 图 2-106c）。

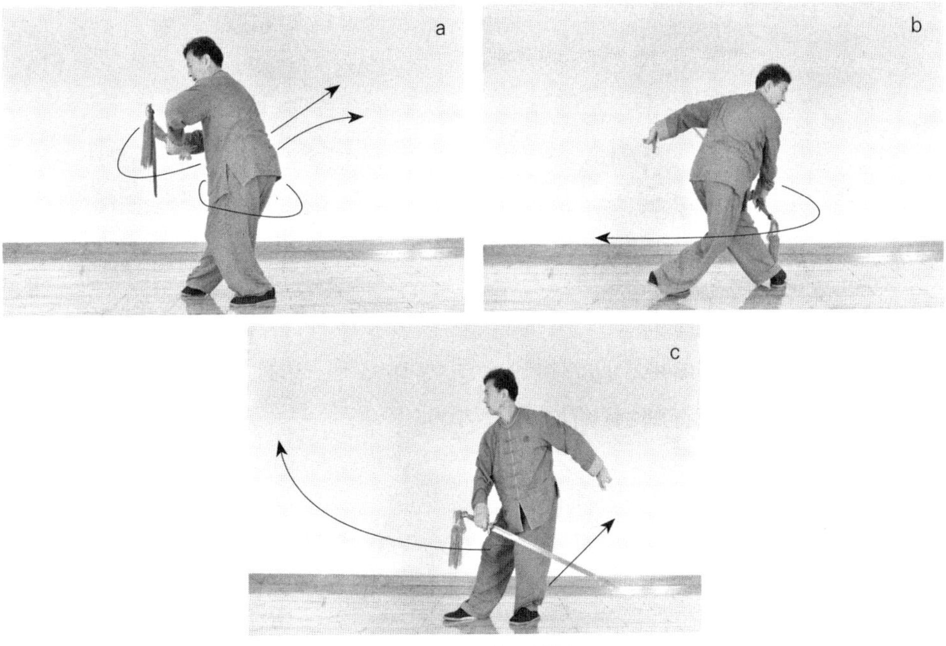

图 2-106　盖步搅剑

19. 俯身挑剑

上动不停，左手后展，右腿向后抬起，身体前俯时右剑上挑（图 2-107）。

图 2-107　俯身挑剑

20. 扣腿平胸斩剑

右脚上步，剑回收至右上侧（图 2-108a），左脚后屈上抬，同时平胸斩剑（图 2-108b）。

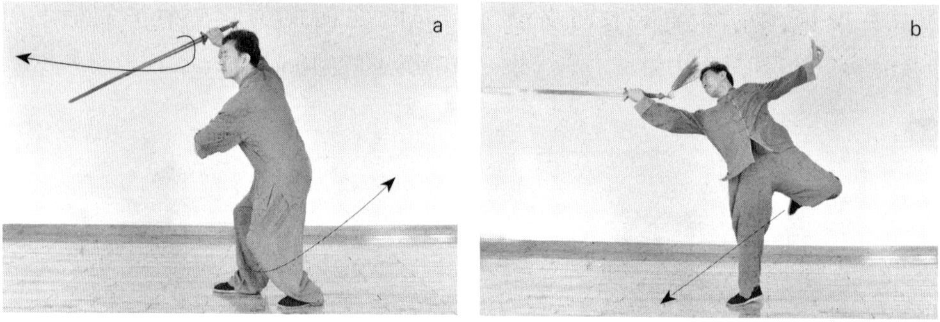

图 2-108　扣腿平胸斩剑

21. 窜步挑刺剑

上动不停，左脚落地，向回撩剑（图 2-109a），蹬地窜跳，右腿屈，剑向前挑出，前冲之势带有刺剑功能（图 2-109b）。

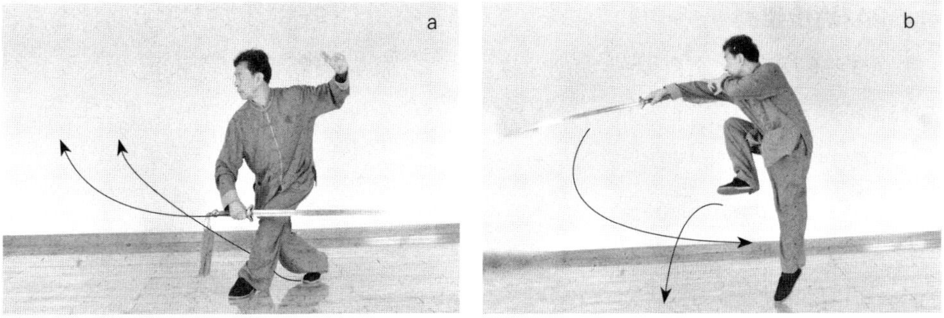

图 2-109　窜步挑刺剑

22. 追步左右搅剑

右脚落地，向内向左搅剑（图 2-110a），左脚迈，右搅剑（图 2-110b）。

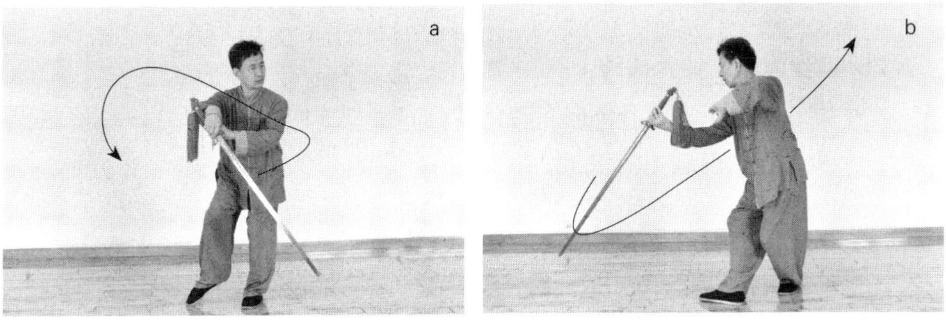

图 2-110　追步左右搅剑

23. 并步下蹲切剑

上动不停，左脚上步，两臂分开（图 2-111a），双腿下蹲，左手扶右手，下切剑（图 2-111b）。

图 2-111　并步下蹲切剑

24. 跪步架剑

原地蹲步右转，右撩剑（图 2–112a），跪步架剑，左手由下方前指（图 2–112b）。

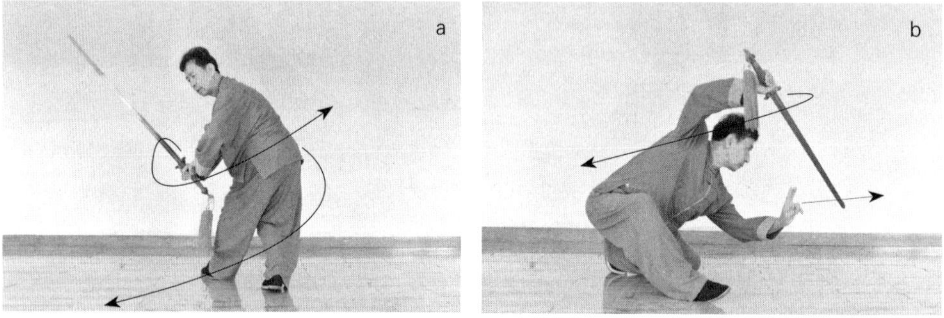

图 2–112 跪步架剑

25. 追步前刺（仙入指路）

左手继续向前指出，身体向左转延伸，右手剑往回拉（图 2–113a），左脚跨出一大步，右剑前刺（图 2–1123）。

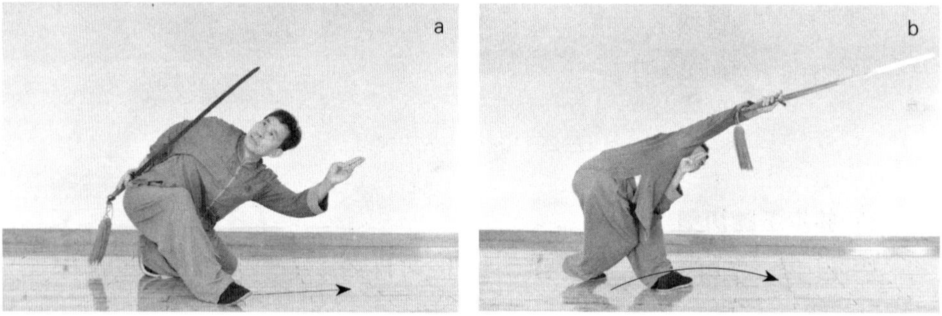

图 2–113 追步前刺（仙入指路）

26. 回身斩剑

右脚、左脚依次前迈，上身姿势不变（图 2–114a，图 2–114b），右脚继续惯性左转运行，同时剑向下行挽一个剪腕剑花（图 2–114c），上动不停，返身同时提左膝，向左上方回身斩剑（图 2–114d，图 2–114e）。

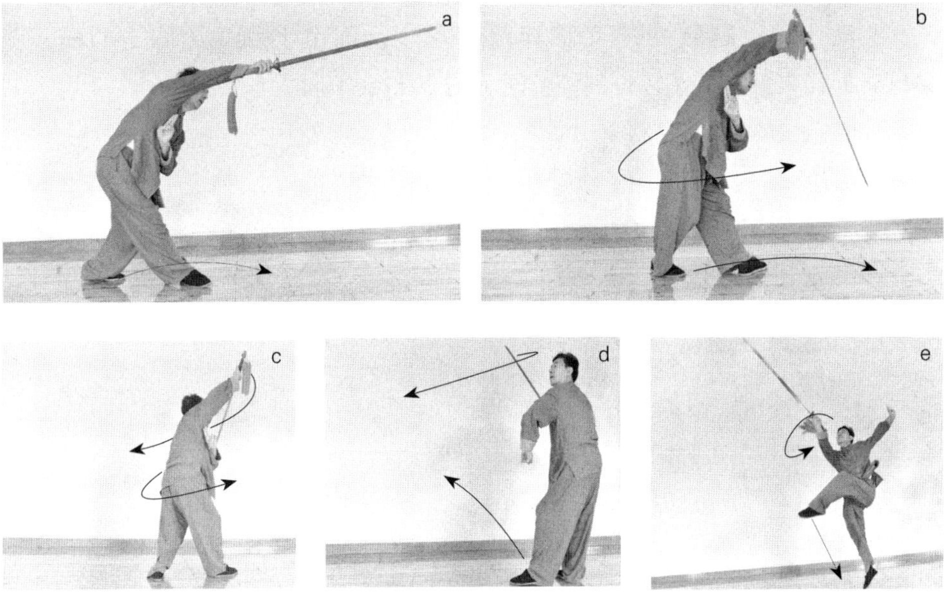

图 2-114　回身斩剑

27. 翻身斜抹剑

向右转右脚落地，右手向下滑动（图 2-115a），两腿交替奔跑各一步（图 2-115b，图 2-115c），提右膝，同时将剑向右后方挥抹出去（图 2-115d）。

图 2-115　翻身斜抹剑

28. 行步拖剑

上动不停，继续两腿交替奔跑各一步，剑由上而下（图 2–116a、图 2–116b），右脚上步左转，剑停腰间（图 2–116c）。

图 2–116　行步拖剑

29. 提膝上刺（穿云剑）

左转身，提左膝，左手下滑护右臂，右手执剑向后方高处刺出（图 2–117）。

图 2–117　提膝上刺（穿云剑）

30. 提膝搅剑（白马练蹄）

左脚落地，左手下按，右剑回收（图 2–118a），左手向外分开，提右膝，同时左转身，搅剑花翻腕，视线向左（图 2–118b）。

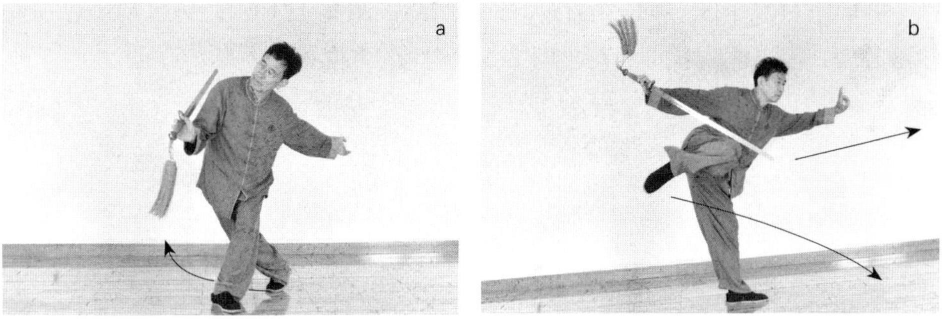

图 2–118　提膝搅剑（白马练蹄）

31. 弓步平刺

右脚落地，左手向后延展，弓步刺剑（图 2–119）。

图 2–119　弓步平刺

32. 左右云剑

收右脚向左上方云剑（图 2–120a），上左脚向右上方云剑（图 2–120b）。

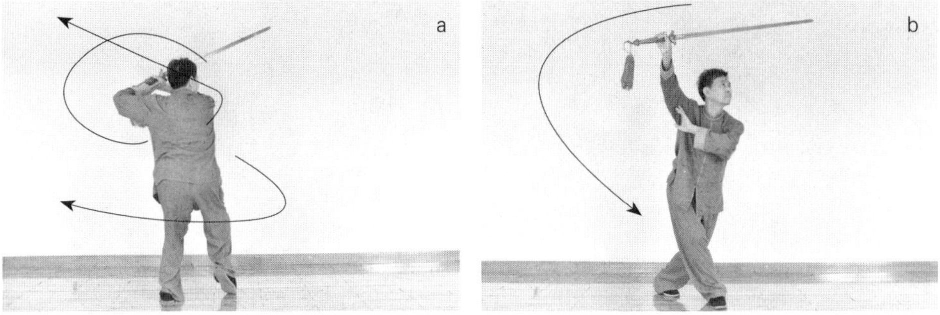

图 2–120　左右云剑

33. 背身剑花

剑向下自然下垂，向后运行（图 2–121a，图 2–121b），剑上动不停向左转落右脚，借惯性绕背身剑花（图 2–121c）。

图 2–121　背身剑花

34. 掠面抹剑（清风拂面）

右脚上步，剑从后背抽出，左脚向左摆动，剑从面部平抹（图 2–122a），右脚抬起向左迈步转身，剑身继续从头面部平面抹过到右肩位置（图 2–122b）。

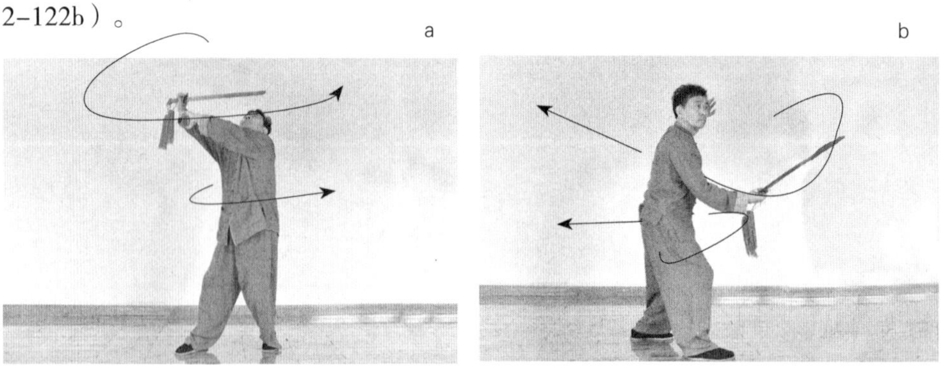

图 2–122　掠面抹剑（清风拂面）

35. 坐盘斜斩剑

身体向下蹲，左手剑旋转由右向左，身体继续向左旋转，右手剑向左上方斜斩而出，转头向左上方（图 2–123）。

图 2–123　坐盘斜斩剑

36. 翻身搅剑

右摆步搅剑半圈（图 2–124a），左扣步向右转身，右手从左至右，由上而下运动（图 2–124b，图 2–124c）。

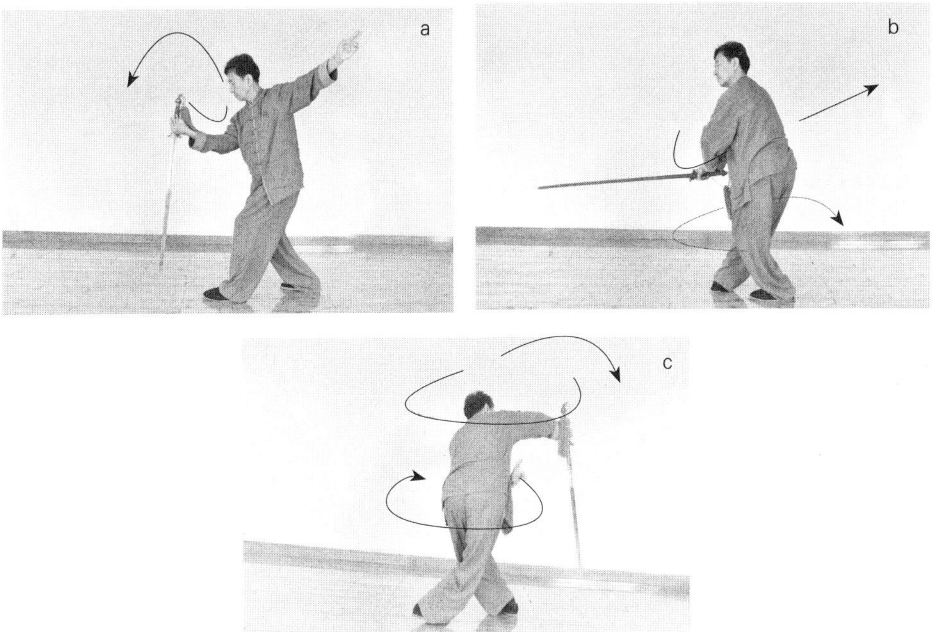

图 2–124　翻身搅剑

37. 翻身点剑

右转成绞步（图 2-125a），提左腿，左手剑高举到头顶，右手剑向下点出（图 2-125b）。

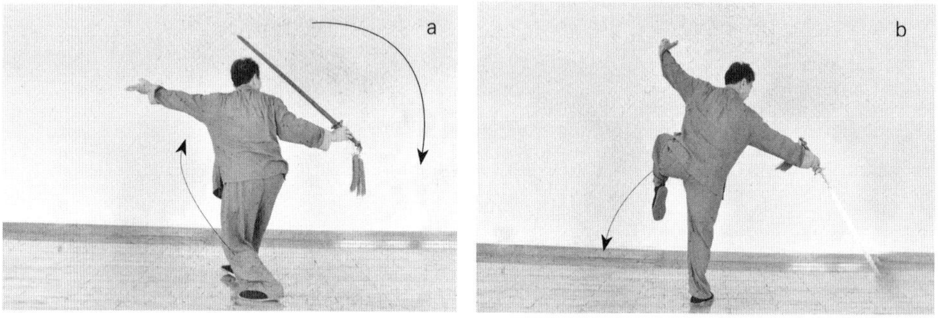

图 2-125　翻身点剑

38. 行步拖剑

上身左右手姿势不变，左脚落地（图 2-126a），两腿微蹲，左右脚交替跨步左转（图 2-126b，图 2-126c）。

图 2-126　行步拖剑

39. 转身托剑

上动不停，步子继续交替行走各两步，左脚在前、右脚在后，左手往回压，右手剑尖转向左侧（图 2–127a），原地左脚摆、右脚扣，连续两步（图 2–127b）。

图 2–127 转身托剑

40. 钻穿侧刺（叶底藏针）

上动不停，左手向右回抱，右手剑突然向左肋后方刺出（图 2–128）。

图 2–128 钻穿侧刺（叶底藏针）

41. 抖腕平削剑

左扣步，右摆步，左臂展开，手指上仰，右剑向右斜削（图 2–129）。

图 2–129 抖腕平削剑

42. 追步平托剑

上动不停，平削后立即迈右脚，向右转（图 2–130a），迈左脚盖右脚，左、右脚继续行四步到圆弧的对称位置，右脚在前（图 2–130b）。

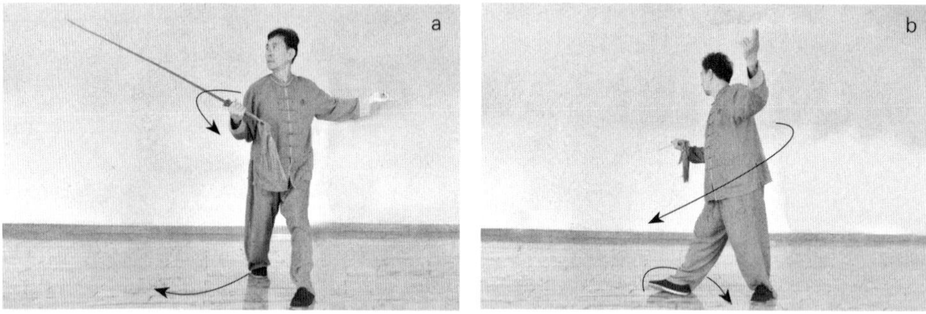

图 2–130　追步平托剑

43. 扑步倒刺剑（平沙落雁）

剑尖向后，左手上举（图 2–131a），左手向后背穿钻，右剑上举，右扑步反手倒刺剑（图 2–131b）。

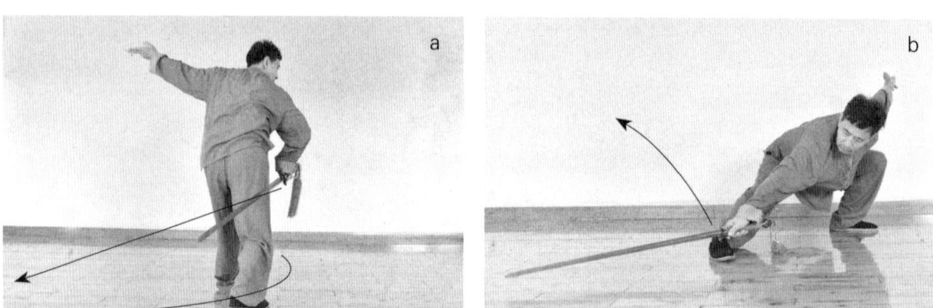

图 2–131　扑步倒刺剑（平沙落雁）

44. 盖步反腕压剑（崩剑式）

扑步继续前穿，剑尖继续顺势前刺（图 2–132a），左脚盖步，右肘回屈反腕崩剑（图 2–132b）。

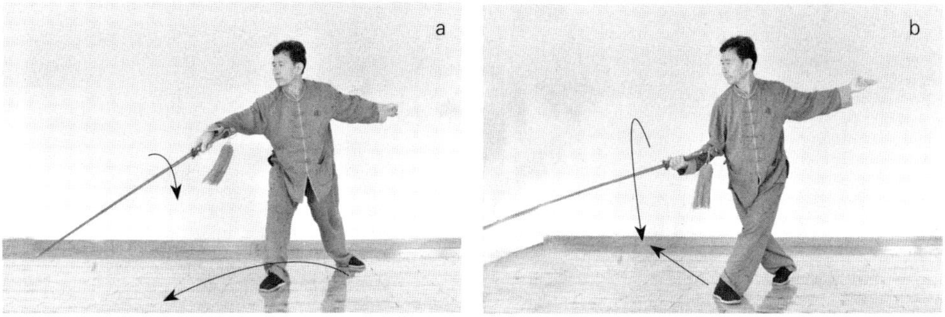

图 2-132　盖步反腕压剑（崩剑式）

45. 绕步搅剑

右转连续迈三步，剑身由外而内搅剑三圈，为压剑粘剑式（图 2-133a~ 图 2-133d）。

图 2-133　绕步搅剑

46. 上步格剑

向右转身，上右脚，左脚跟步，剑尖向下，剑身向前推出（图 2-134）。

图 2–134　上步格剑

47. 提膝反腕斩剑

提右膝，屈臂垂腕，反剑劈斩（图 2–135），劈斩头、面部位置。

图 2–135　提膝反腕斩剑

48. 侵步中平剑

右脚跨步前进，上身姿式不变，右脚迈步（图 2–136a），左、右脚各上一步（图 2–136b，图 2–136c）。

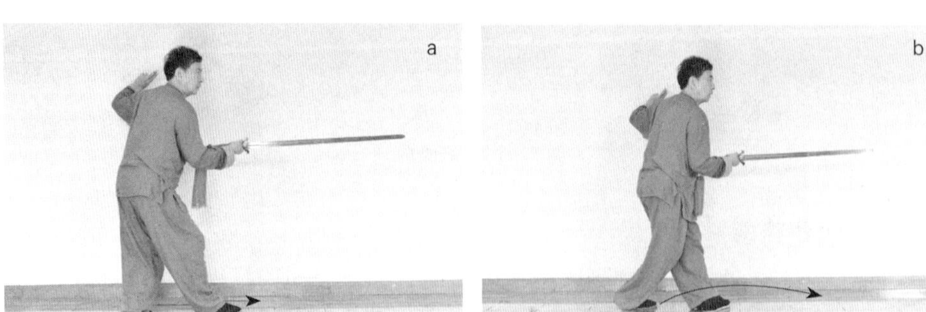

图 2–136　侵步中平剑

49. 震脚平刺剑

左脚震脚，左臂后延，并步刺剑（图 2–137）。

图 2–137　震脚平刺剑

50. 盖步反挑腕

左盖步侧身，反剑由下而上挑剑（图 2–138），此为挑对方腕关节技法。

图 2–138　盖步反挑腕

51. 上步反剑斩腕

提右脚，上右步，右剑绕圈前伸向左斜斩（图 2-139a，图 2-139b），此为斩对方手腕或斩小臂之技法。

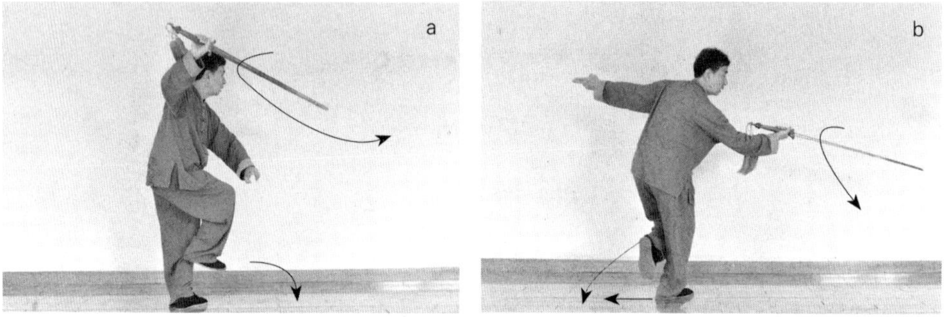

图 2-139　上步反剑斩腕

52. 偷步格挡

退左脚，右脚缩步，反腕垂臂，剑尖向下，由内而外格挡（图 140）。

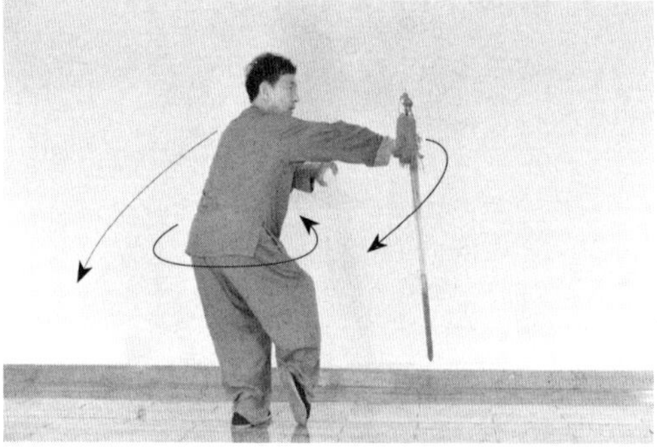

图 2-140　偷步格挡

53. 回身引手

左脚斜跨，左转身，右剑反转，左回身左手引出（图 2-141）。

图 2-141　回身引手

54. 反转穿剑（白蛇吐信）

右脚前伸，身体后仰，剑尖向后方上方穿刺（图 2–142）。

图 2–142　反转穿剑（白蛇吐信）

55. 翻身撩剑（大蟒翻身）

身体左转，屈臂收剑于左侧（图 2–143a），提左膝，转腕撩剑（图 2–143b）。

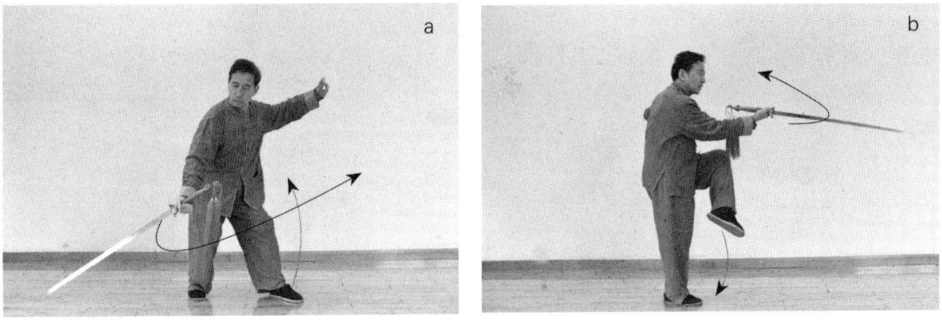

图 2–143　翻身撩剑（大蟒翻身）

56. 追步扫剑

左脚落地，右臂左屈，剑身向左回收（图 2–144a），迈右脚，挥剑向右横扫（图 2–144b）。

图 2–144　追步扫剑

57. 追步刺剑

落右脚收剑于右肩（图 2–145a），迈左脚、迈右脚，向前方上方刺剑（图 2–145b，图 2–145c）。

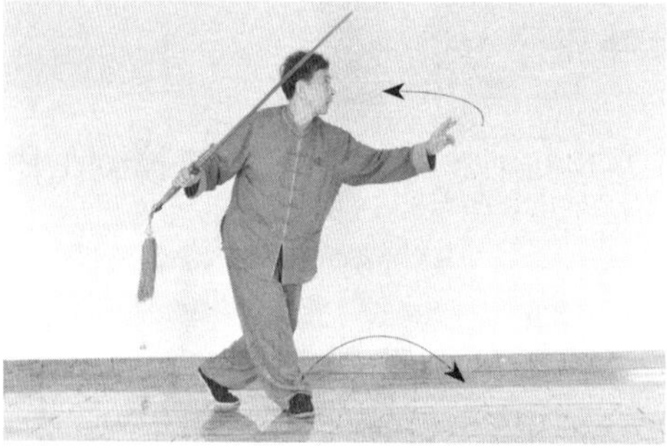

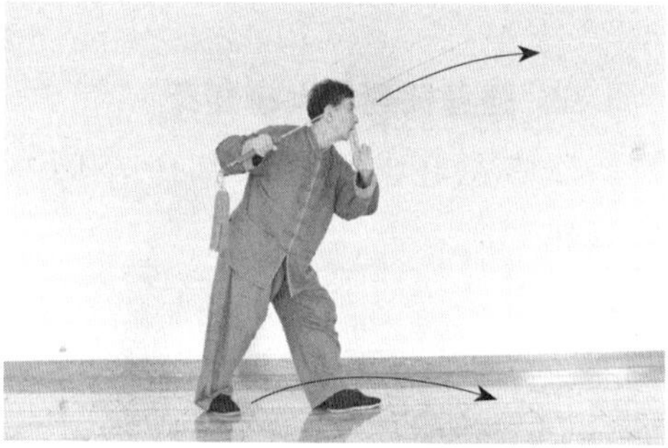

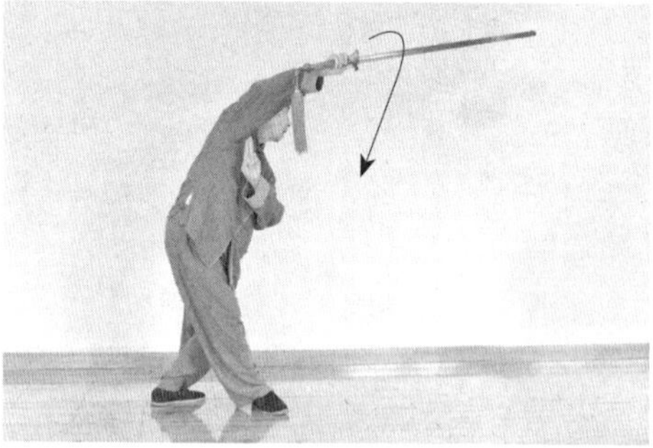

图 2–145　追步刺剑

58. 左盖步搅剑（下面是转整圈）

收剑至腹部，左手扶右腕（图 2–146a），上动不停，迈左脚向左搅剑半圈（图 2–146b），迈右脚时摆步，向右后方转身，向下搅剑（图 2–146c），顺势右转身变搅剑为向右撩剑（图 2–146d）。

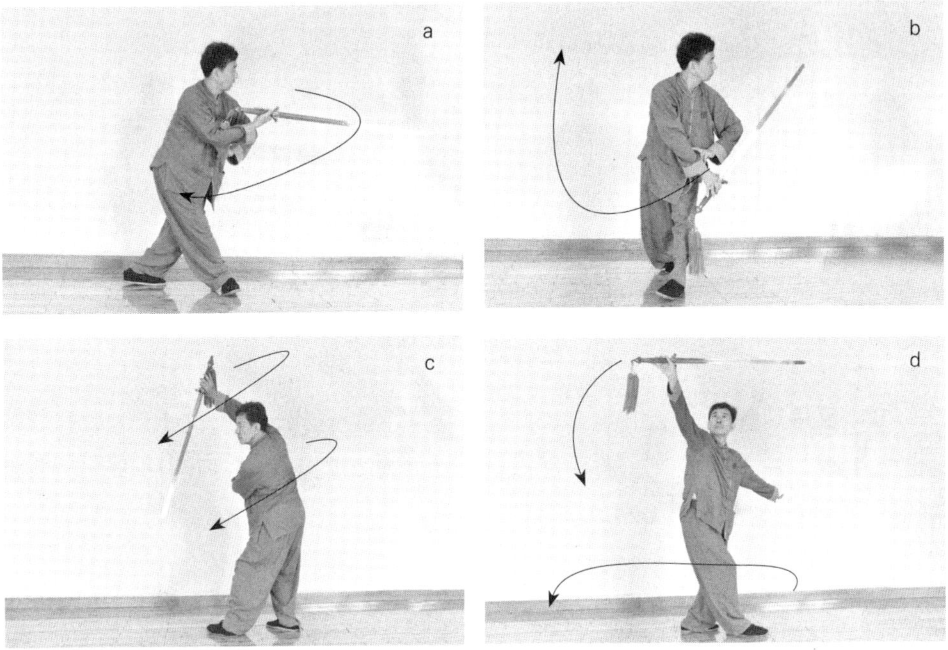

图 2–146　左盖步搅剑（下面是转整圈）

59. 翻身竖剑（鹞子翻身）

上动不停，提右膝翻身剑柄下砸，剑尖向上竖剑，目视右方（图 2–147）。

图 2–147　翻身竖剑（鹞子翻身）

60. 跪步倒刺

屈腕左身（图 2–148a），右跪步，左臂后展，右臂前伸平刺剑（图 2–148b）。

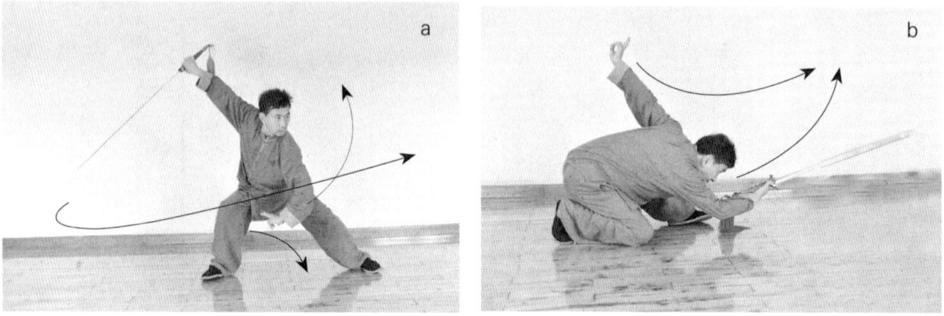

图 2-148　跪步倒刺

61. 反手后刺

起立半蹲，左手扶右腕，右手反握剑柄（图 2-149a），右脚倒插步，右手握剑柄向左侧后刺（图 2-149b）。

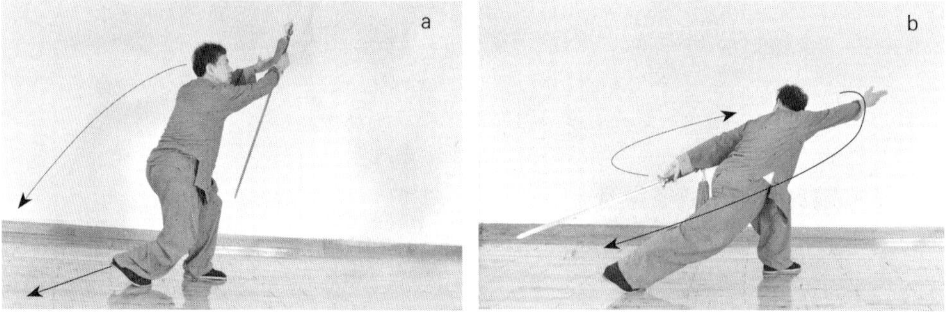

图 2-149　反手后刺

62. 收势

右脚向右成扑步，左手反转握剑，右手向右下方剑指前穿（图 2-150a），右手继续向右前穿回曲，停于左小臂位置，收左脚成虚步（图 2-150b），并腿直立，左手执剑于后侧位，两手下垂置于两侧（图 2-150c）。

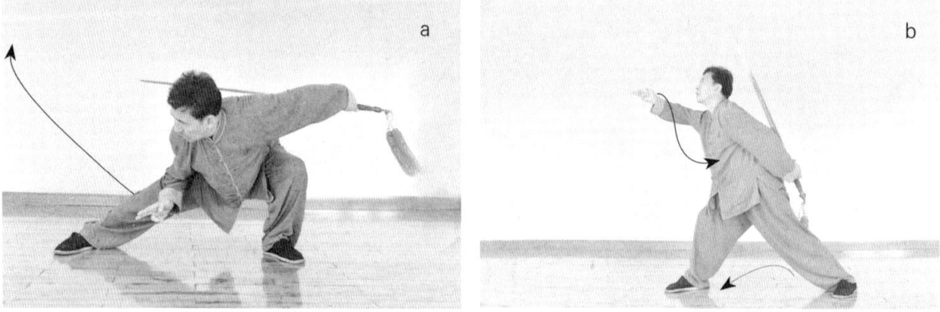

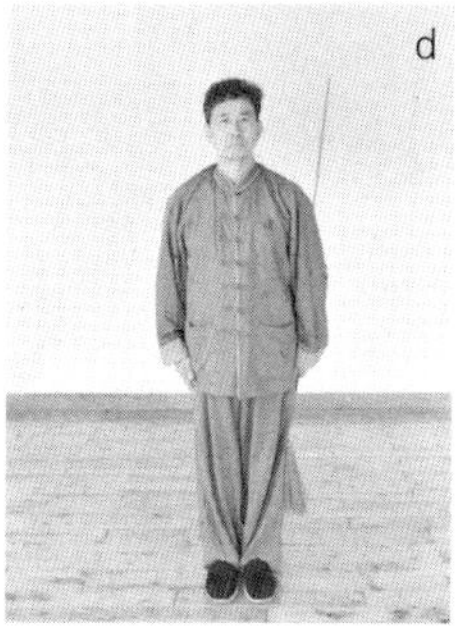

图 2–150　收势

第三节　峨眉武术练功方式

指爪力练习方式

以下是峨眉岩鹰拳的指爪劲的练习方法之一，扭“天滑子”以绳索垂吊重物（砖头或铁块）在横樑的上面，双手握紧木棍旋转扭动把手的时候，让绳索通过横樑上面的滑轮把重物升起来再缓慢地放下去，以此来练习指爪和手腕的力量。（图 2–151，示范者：柯欣、陆路）

图 2–151　指爪力练习

扭扁担是峨眉岩鹰拳的指爪劲和肩、腰、肘部力量的练习方法之一。这种工具随处可见，练习方法是两人各执一头，双方向相反方向用力扭动。可以在高位或低位的状态下进行对抗练习。（图 2–152，示范者：黄国晏）

图 2–152　扭扁担

指爪劲力的练功方法，用五指抓握铁球，悬空停留或上下左右运动大小臂增加控制铁球难度。（图 2–153，示范者：洪厚荣）

图 2–153　指爪劲力的练功

用麻袋装上铁砂或者是黄豆，用手掌心或掌根打击沙袋，以增强手掌的硬度和打击力度。（图 2–154，示范者：肖家泽）

图 2–154　手掌击沙袋

峨眉武术麻圈的练习方法是利用拳、掌进行劈、砍或肘击、头撞等方法攻击麻圈内侧或外沿或上方的靶位，以此来增强演练效果和攻击的能力。（图2-155，示范者：肖家泽）

图 2-155　麻圈练习

打桩练习是峨眉武术打桩的练习方法，在一个木桩的支架上利用抓、拿、靠、顶、踩、踹等方法进行练习，充分展示峨眉武术的拳法以及腿法、身法的击打内容，以增强套路演练的效果和击打的能力。（图 2-156，示范者：肖家泽）

图 2-156　打桩练习

铁膀圈、金膀圈（用不同金属制成的圈）是练习峨眉功夫的传统器械之一，带上金属圈以后，用力发拳打出，在金属圈快要脱手的时候抬手竖腕，收回金属圈，可练习臂力，也练习了打击力。（图 2–157，示范者：薛山）

图 2–157　膀圈练习

打桩练习有利于提高双臂功力，增加大臂、小臂的硬度，有助于攻击能力和抗击能力的提高。（图 2–158，示范者：洪厚荣）

图 2–158　树桩打桩练习

举石锁是峨眉武术的必修课之一。（ 图 2-159，示范者：孙強）

图 2-159　举石锁

抛接石锁是练习峨眉武术必修课之一。（图 2-160，示范者： 王建）

图 2-160　抛接石锁

第三章 峨眉武术岩鹰拳及峨眉刀剑传承谱

徐矮师 传吴振环峨眉岩鹰拳。

刘崇俊 传吴振环峨眉战剑、峨眉七步单刀 。

吴振环 传肖家泽峨眉岩鹰拳，峨眉战剑、峨眉七步单刀。

肖家泽 传其子肖和维及肖家泽的弟子袁杰、彭笠、朱涛、黄骏辉、刘品、张洞、朱伟、高应紫、万卫国、曾柯、廖辉、陈洪广、陈洪福、谭旭松、傅安雄、时建、陈岳、陈苇、郭明、李智、孟阿杰、胡易腾、龚贵强、何平、王强、柯欣、戴实在、刘昭贵、肖佳、汪克斌、赛德克（Cedric 法国）、钟家斌、何建华、赵大伟、祝熙明、张彬柯、左鹰、任华东、朱建伟、李庆、彭守成、殷光洁、马郁唯、肖波、徐泽蓉、武青、陆宽、王梓硕、祝嫦苹、谷穗、林建、黄楚天等。

后记

因为这是一部武术教学推广的书籍，笔者本着追本溯源的原则，本着继承和发展传统武术的初衷，把自己的技法和掌握的传承脉络介绍给大家，所以内容里没有门派的渲染，也没有神奇的武功描写，因为这不是武侠小说。

很多人是通过小说或者是一些传奇故事来了解传统武术的，这样会对武术产生不真实的和错误的认知。如一百多年前的《蜀山剑侠传》描述了流传于青城山一带剑仙侠客的神奇武功，梁羽生、金庸的笔下描述的各大门派的风格特点和武侠人物故事与实际的武术源流、人物传承关系出入很大，但是很多人会因为武侠小说产生习惯性的思维，把故事当中的人物和情节对号入座，这样是不利于武术的继承和发展的。比如有些人会模仿小说里面杜撰出来的拳种，甚至自创门派，然后自封为掌门人，这些乱象严重影响了的武术项目的健康发展。所以在这本书的编后语当中需要慎重的指出：学习中国的传统武术，一定要认真地了解武术门类的渊源出处和风格特点，才能够让这一非物质文化遗产得到真正的继承和发展。

客观地来讲，很多已经存在的拳种，不管是练习八卦、太极、八极、查拳、华拳、螳螂拳种，这些都是以其练的什么拳，就称呼其为什么拳或者叫作什么门的拳。在本书里面谈到的徐矮师、刘崇俊以及我的师父吴振环他们都没有把自己作为掌门人，也没有人称呼他们为掌门人。我们纵观传统的武术和记载历史文化的书籍中，是没有门派的掌门人这个称呼的，起码没有在武术系统里面形成既定模式。例如 1928 年南京中央国术馆成立的时候，是把一些拳种归类到武当门，而没有称为武当派，这个武当门包括了形意、八卦、太极三个内家拳系列的拳种。最初武当门由孙禄堂做门长，后来由高振东做门长。与此同时南京中央国术馆还把很多流行于北方的拳种归为少林门，由王子平做门长。南京中央国术馆成立之时参与组建的人均来自于全国各地，这些武林中人都属于各类武术代表人物，这些人都没有对这种分类提出异议，说明大家对这种分类是认同的。这就足以证明中国的传统武术历来是没有所谓“派”的定义，也没有掌门人这种称呼的。所以在这本书里，作者把土生土长的巴蜀地域武术统称为峨眉武术，而没有将其称为峨眉派武术是有客观依据的。

峨眉武术并不是单指峨眉山所在地区的武术，而是指产生于四川范围的各种武术，比如四川地域土生土长的拳种所包含的黄林门、盘破门、绿林小手、化门、生门、方门以及产生于四川本土的各种拳种被四川省武术协会审编的《峨眉武术史略》收纳入峨眉武术系列。而很多从省外流传到四川的著名的拳种，由于起源的根不在四川，风格特点和四川的传统武术也有明显区别，因此把它们确定为在四川流行的拳种。这是一种尊重不同拳种的源流和传承关系的、科学和客观的分类。

正是因为有不同的武术发源地和众多的拳种，所以造就了今日中国武术的丰富多彩和武学的博大精深。

尊重武术源流和明晰传承关系是保护非物质文化遗产的基本，只有这样才更加有利于挖掘和整理中国传统武术文化，有利于继承和发展中国的传统武术，让中国的传统武术绽放异彩。

肖家泽

2023 年 7 月

四川省武术协会峨眉武术岩鹰拳教练员培训班结业颁证

本书第二作者柯欣于 2023 年 8 月获得第九届世界传统武术锦标赛岩鹰拳的金牌

作者肖家泽武术比赛获奖归来，与师父王树田的合影

作者担任教学的四川省峨眉武术教练员培训班结业合影

作者肖家泽在美国进行峨眉武术讲座

作者肖家泽成为 2018 年美国《功夫》杂志封面人物

传统武术收徒仪式是慎重而庄严的

峨眉武术刀、剑、拳的提高班合影